Zagal · Galindo

Ethik für junge Menschen

Héctor Zagal · José Galindo

Ethik für junge Menschen

Grundbegriffe – Positionen – Probleme

Aus dem Spanischen übersetzt
von Bernd Goebel

Philipp Reclam jun. Stuttgart

Titel der mexikanischen Originalausgabe:
Héctor Zagal Arreguín / José Galindo Montelongo:
Ética para adolescentes posmodernos que quieren
aprender el arte de vivir.
México: Publicaciones Cruz O. S. A., 1997

Umschlagabbildung:
Wolfgang Mattheuer, Wolgafahrt. 1966

Universal-Bibliothek Nr. 18093

Gesamtherstellung: Reclam, Ditzingen. Printed in Germany 2003
RECLAM und UNIVERSAL-BIBLIOTHEK sind eingetragene Marken
der Philipp Reclam jun. GmbH & Co., Stuttgart
ISBN 3-15-018093-7

www.reclam.de

Inhalt

Dritter Teil: Ethische Probleme

Vorwort des Übersetzers

Die beiden Autoren dieses Buches kommen aus Mexiko. Eine *Ethik für junge Menschen* aus Mexiko, in der Hand eines deutschsprachigen Lesers – das ist neu. Jeder von uns hat wohl schon einmal ein mexikanisches Bier gekostet oder ein feuriges mexikanisches Gericht; der eine oder andere ist, ohne es vielleicht zu wissen, in einem in Mexiko gebauten »New Beetle« gefahren oder hat sogar schon einmal seinen Urlaub in diesem faszinierenden Land verbracht. Aber ein Ethikbuch für junge Menschen aus Mexiko – das ist wohl noch niemandem von uns vorgekommen.

Natürlich ist es nicht nur für die Menschen in Mexiko geschrieben, sondern genauso für dich. Das eine oder andere Beispiel wird dir vielleicht etwas exotisch erscheinen. Doch macht es keinen so großen Unterschied, ob es »eine riesige Tüte Tortilla-Chips« oder eine »extragroße Bratwurst« ist, die ich mir trotz guter Vorsätze einverleibe; ob sich jemand regelmäßig mit Tequila betrinkt oder mit Korn; ob ein korrupter Minister seine Villa in Acapulco baut oder auf Mallorca. In einigen Beispielen erfährst du etwas über die gesellschaftliche Realität im heutigen Mexiko – zum Beispiel, dass es dort viele Menschen gibt, die unmenschlich hart arbeiten müssen und sich trotzdem nie im Leben ein Auto leisten können; in anderen lernst du etwas aus der Geschichte dieses Landes, von den Bewohnern der alten Stadt Teotihuacán, von den Menschenopfern der Azteken und ihrem Gott Huitzilopochtli, von dem Streit unter den Spaniern, ob die »Indianer« vernunftbegabte Wesen sind oder nicht. Nur ganz wenige Beispiele habe ich geändert, weil du die letzten Trends der mexikanischen Popszene vielleicht noch nicht mitbekommen hast …

Mexiko ist ein Land voller Gegensätze: Viele ethische Probleme, die uns alle betreffen oder doch einmal betreffen können, treten hier besonders deutlich zu Tage. Seine Natur ist von überwältigender Schönheit; aber dort liegt auch Mexico City, mit seinen 24 Millionen Einwohnern die größte und wohl auch am stärksten von der Umweltverschmutzung betroffene Stadt der Welt. Da das Land zwischen zwei Ozeanen gelegen ist und im Norden Wüstenklima herrscht, hat es unter den Auswirkungen der weltweiten Klimaveränderungen, unter Dürre, Überschwemmungen und Wirbelstürmen besonders stark zu leiden. Der größte Gegensatz ist aber vielleicht der Kontrast zwischen den traditionellen, überall noch lebendigen Werten der spanischen und indianischen Kultur und den so ganz anderen Werten der modernen Industriegesellschaft, in die sich Mexiko mit atemberaubender Geschwindigkeit verwandelt. »Armes Mexiko«, sagte schon zu Beginn des vorigen Jahrhunderts der mexikanische Staatsmann Porfirio Díaz, »so weit weg von Gott und so nah an den Vereinigten Staaten!« In kaum ein Land der so genannten Dritten Welt fließen derzeit so viele ausländische Investitionen. Moderne Technologien wie das Internet hielten dort früher Einzug als bei uns in Europa. Seit vielen Jahren gibt es kein landesweites öffentliches Fernsehprogramm mehr, sondern ausschließlich kommerzielle private Sender: So ist es zu verstehen, wenn dieses Buch gleich zwei Kapitel zu ethischen Fragen des Journalismus enthält. Ebenso wenig gibt es in Mexiko ein Sozialsystem, das auch nur annähernd mit unserem zu vergleichen wäre; und so bringen diese umwälzenden Entwicklungen den einen Wohlstand und Reichtum oder wenigstens Arbeit, den anderen aber immer größere Armut. Mit dem wachsenden Unterschied zwischen Arm und Reich wächst auch die Kriminalität und nimmt von Jahr zu Jahr beängstigendere Ausmaße an. Der Drogenhandel und die mit ihm verbundenen Verbrechen sind eines der drängendsten gesellschaftlichen Probleme Mexikos. Unter dem Eindruck der immer größeren Gewaltbereitschaft von Kriminellen mehren sich Stimmen, die eine Wiedereinführung der Todesstrafe fordern.

All diese ethischen Probleme werden im dritten Teil des Buches diskutiert. Dann ist auch deine Meinung gefragt; denn glaube nur nicht, dass du dich durch dieses Ethikbuch hindurchlesen kannst, ohne am Ende selbst Stellung zu beziehen! Die ersten beiden Teile dagegen sind als Einführung in die Ethik gedacht: Sie enthalten die Grundlagen, die eine solche Diskussion erst möglich machen. Im ersten Teil geht es um häufig gehörte Grundbegriffe der Ethik wie »Freiheit«, »Gewissen« und »Glück«, vor allem aber um die Frage, was Ethik eigentlich ist. Dabei räumen Héctor Zagal und José Galindo mit alten Vorurteilen auf. Sie wollen uns helfen, den – wie sie sagen – »Pípila-Komplex« zu überwinden: Pípila war ein furchtloser mexikanischer Freiheitskämpfer, der sich während des Unabhängigkeitskrieges zum Schutz einen riesigen Stein auf die Schultern lud, um sich im Kugelhagel der Spanier zum Munitionslager eines Forts durchzukämpfen. Das ist ihm mit viel Glück auch gelungen; aber wir liegen dennoch falsch, wenn wir uns die Ethik als eine schwere Last vorstellen, die uns niederdrückt wie ein riesiger Stein und die wir wie eine Krankheit mit uns herumschleppen. Im Gegenteil, als Lebenskunst und Anleitung zum Glücklichsein kann uns die Ethik dazu verhelfen, dass wir unsere natürlichen Anlagen voll entfalten, unser Menschsein ganz verwirklichen und somit wahrhafte Menschen sind.

Im zweiten Teil dieses Buches werden die Gedanken einiger berühmter Philosophen zur Ethik vorgestellt. Du wirst merken, wie sehr manche von ihnen unsere eigene Denkweise beeinflusst haben; und du wirst eine Menge von Argumenten kennen lernen, die du bei der Diskussion ethischer Probleme im dritten Teil und bei deinen eigenen Entscheidungen mit heranziehen kannst. Zwar kommt es in der Ethik nicht eigentlich auf das Wissen an, sondern auf das Tun – nicht darauf, dass ich erkenne, worin das richtige Handeln besteht, und noch weniger darauf, dass ich weiß, welcher Philosoph welches Handeln für das richtige gehalten hat, sondern darauf, dass ich tatsächlich richtig handle. Doch wenn du dich bewusst dafür entscheiden willst, das Richtige zu tun – nämlich das, was deiner menschlichen Natur entspricht –, dann musst du dir zuerst eine Meinung darüber gebildet haben, worin das richtige Tun überhaupt besteht. Und wenn du darauf Wert legst, dir nicht irgendeine Meinung, sondern die richtige Meinung über das richtige Tun zu bilden, dann musst du dich mit ethischen Argumenten auseinander setzen und sie richtig einschätzen können. Vielleicht kommen dir die ethischen Begriffe im ersten Teil und die ethischen Argumente im zweiten Teil manchmal etwas schwierig vor; oder sie sind so zahlreich, dass es dir am Ende schwer fällt, sie alle auseinander zu halten. Aber das Buch ist schon mit Absicht anspruchsvoll geschrieben. Es gehört nicht in die Abteilung »Kinderphilosophie«. Es setzt einen Grad an intellektueller und persönlicher Reife voraus, wie man ihn nur bei Jugendlichen und Erwachsenen findet.

Doch keine Angst: Das Buch ist kein unverdaulicher Langweiler, den man nach der ersten Leseprobe für immer in der untersten Etage des Bücherregals verschwinden lässt. Die wenigen Fachausdrücke, die vorkommen, werden überall erklärt. Es ist lebendig geschrieben und enthält viele Beispiele, in denen du dich mit deinen Stärken und Schwächen, Ängsten und Hoffnungen, Wünschen und Bedürfnissen wiederfinden wirst. Die einzelnen Kapitel sind angenehm kurz gehalten; wenn du willst, kannst du sie auch kreuz und quer lesen. Am Ende der Kapitel findest du jeweils drei Fragen zur Diskussion – mit deinen Freunden, deinen Eltern, in der Schulklasse oder mit dir selbst –, die zum Nachdenken anregen und dein eigenes Urteil herausfordern. Oft geht es dabei um einen Film, den du (wenn du ihn nicht schon gesehen hast) ausleihen oder deinem Lehrer zur Vorführung in der Klasse vorschlagen kannst.

Dieses Buch handelt letztlich von dir selbst. Zwar nicht ausschließlich von dir selbst, sondern auch von dir und deinen Mitmenschen – es ist eine Anleitung zum Glücklichsein, keine Anleitung zum Egoismus. Im Mittelpunkt steht aber immer dein eigenes Leben. Die Einsicht des dänischen Philosophen Søren Kierkegaard – du wirst ihn noch näher kennen lernen –, dass die Wahrheit über den Menschen einen ganz persönlich betrifft, weil sie sonst keine Wahrheit wäre, ist so etwas wie das Leitmotiv dieses Buches. Wenn du zu den Menschen gehörst, die nicht betroffen sein wollen; wenn du glaubst, du bist schon ein »fertiger« Mensch, der die Kunst zu leben beherrscht und über sich und sein Leben nicht mehr nachzudenken braucht, so ist dieses Buch nicht das richtige für dich. Wenn du aber offen bist für Denkanstöße, für Anregungen zu einem besseren Menschsein; wenn du entschlossen bist, dein Leben selbst in die Hand zu nehmen und dich zu einem glücklicheren Menschen zu machen, dann lohnt sich für dich das Weiterlesen. Ich wünsche dir dabei viel Vergnügen.*

* Ich danke Dominik Hartig für die vielen Vorschläge zur Verbesserung der Übersetzung.

Erster Teil

Ethische Grundbegriffe

Erstes Kapitel

Was ist Moral?

Von ganz klein auf sprechen wir eine moralische Sprache: Wir lernen zu lügen, um dem kleinen Bruder die Schuld anzuhängen; wir ärgern uns, wenn uns ein Lehrer ungerecht behandelt; wir klatschen dem Helden eines Comics Beifall und wollen nicht der Bösewicht im Film sein. Mit drei oder vier Jahren »weiß« ein Kind schon, dass es gute und schlechte Dinge gibt. Es weiß schon, dass es für seine Taten verantwortlich ist: Deshalb verlangt es auch, belohnt zu werden; und deshalb versucht es, sich Strafen zu ersparen. Ständig machen wir die Erfahrung, dass wir frei sind; deshalb machen wir auch die Erfahrung, dass wir für unsere Handlungen irgendwie verantwortlich sind.

Wir haben es auch alle erlebt, dass wir daran zweifeln, ob unsere Handlung gut oder schlecht ist. Wir wissen, was ein Dilemma ist: Soll ich das eine tun oder doch lieber das andere? Ein Tier hat sich noch nie gefragt, ob es dieses oder besser jenes tun soll. Es tut es einfach.

Das ganze soziale Leben beruht auf der Tatsache, dass ein beträchtlicher Teil unserer Handlungen von unserer eigenen Freiheit abhängt. Deswegen gibt es Richter, die Verbrecher ins Gefängnis stecken lassen; Orden und Medaillen für Menschen, die sich große Verdienste erworben haben; höhere Gehälter für die Verantwortlichen und Glückwünsche für die Tüchtigen.

1. Die Freiheit

Lassen wir fürs Erste den Ursprung der Moral beiseite. Was sofort auffällt, ist, dass unser Fragen nach dem Guten und dem Bösen – und unser Erleben des Guten und des Bösen – eine alltägliche Angelegenheit ist, eine unbestreitbare Tatsache. Fernsehserien, Romane, Zeitungen drehen sich um Handlungen, die früher oder später als gut oder als schlecht bewertet werden.

Wir erfahren Freiheit sehr früh. Kinder benehmen sich gut, um Weihnachtsgeschenke zu bekommen, um ihre Eltern glücklich zu machen, oder einfach, damit sie nicht bestraft werden. Sie wissen, dass es von ihnen abhängt, ob sie ihr Gemüse essen, ihre Spielsachen ihrem Bruder leihen oder ihre Mitschülerinnen an den Zöpfen ziehen. Wenn wir älter werden, erfahren wir diese Freiheit noch stärker. Ein junger Mensch mit fünfzehn oder sechzehn steht vor einer ganzen Palette ethischer Möglichkeiten. Er muss große Entscheidungen treffen. Er wird darüber entscheiden, ob er anfängt, sich zu betrinken oder nicht, ob er eine Ausbildung beendet, ob er eine sexuelle Beziehung eingeht, ob er zu seinen Eltern und Freunden steht oder ob er ein Nichtsnutz wird. Aber das Wichtige dabei ist nicht, sich zu entscheiden, bloß um sich irgendwie zu entscheiden. Das wirklich Wichtige dabei ist, die richtigen Entscheidungen zu treffen. Wirklich wichtig ist, sich vernünftig zu entscheiden, anstatt sich bloß von den Gefühlen oder vom Egoismus hinreißen zu lassen.

Du hältst deine eigene Existenz in deinen Händen! Du erfährst die Freiheit so sehr, dass Freiheit, Echtheit, Verwirklichung und Vorbilder Wörter sind, die wir bisweilen beim Gespräch mit Freunden hören und mit ihnen diskutieren, bei einer Zigarette vielleicht und ein paar Gläsern Bier.

Die Geschichte der Menschheit ist voller freier Handlungen. Die Konzentrationslager der Nationalsozialisten, die vielen Millionen von Portugiesen versklavten Afrikaner, die Diskriminierung der Schwarzen, die Benachteiligung von Frauen im öffentlichen Leben, die Massenmorde Stalins, die künstlich herbeigeführte Verteuerung der Grundnahrungsmittel in Lateinamerika, die Bestechlichkeit der Regierenden in vielen Teilen der Welt – das alles sind Vorkommnisse, bei denen es irgendwann eine Person gegeben hat, die eine Entscheidung fällte. Deswegen, weil es Handlungen sind, die von der Freiheit des Menschen abhängen, können wir uns gegen sie auflehnen und ausrufen: Das darf doch nicht wahr sein!

In Anbetracht eines Erdbebens, eines Wirbelsturmes, eines Vulkanausbruchs suchen wir nicht nach Schuldigen; wir versuchen vielmehr, diese physikalischen Ereignisse besser verstehen zu lernen, damit wir sie voraussehen und entsprechende Vorkehrungen treffen können. Wir verurteilen höchstens die Nachlässigkeit des Politikers oder des Wissenschaftlers, der eine Katastrophe hätte voraussehen können, es aber nicht tat. Wir sind nicht so wie jener persische König namens Xerxes: Als dieser mit ansehen musste, wie seine stolze Schiffsflotte in einem schweren Sturm am Hellespont versank, befahl er, dem Meer dreihundert Peitschenhiebe zu geben und ihm ein Paar Fußeisen anzulegen. Niemandem, der recht bei Trost ist, kommt es in den Sinn, das Meer auszupeitschen. Menschen hingegen bestrafen oder belohnen wir schon; denn sie üben ihre Freiheit aus.

Wir alle haben es erfahren: das Gefühl, schuldig zu sein. Wie viele Male begehen wir Handlungen, von denen wir wissen, dass sie nicht richtig sind: ins Kino gehen am Abend vor einer wichtigen Prüfung; mehr Geld ausgeben, als vernünftig wäre; eine Lüge erzählen, um unser Zuspätkommen zu rechtfertigen. Genauso haben wir umgekehrt alle die Genugtuung empfunden, Gutes zu tun: einem Freund dabei helfen, ein Problem zu überwinden; einem Kranken Gesellschaft leisten; mit einem einsamen Menschen ein wenig plaudern.

2. Der moralische Unterschied

Ebenso ist es offenkundig, dass wir zwischen Lust und Pflicht einen Bruch, ein Auseinanderdriften erleben: Wir wissen, dass wir eine Prüfung vorbereiten müssen; aber das kostet uns Arbeit. Es bereitet größeres Vergnügen, fernzusehen, als sich nach dem Essen aufzuraffen und die Mathematikaufgaben zu lösen. Es ist bequemer, den ganzen Sonntag im Schlafanzug zu verbringen, als sich anzuziehen, um wählen zu gehen. Es ist einfacher, in der Cafeteria weiterzuplauschen, als sich wieder in den Klassenraum zu setzen und mit dem Rechnen zu beginnen. Es scheint, als würden der Weg des Angenehmen und der Weg der Ethik voneinander abweichen; zumindest scheint es, dass sie nicht immer zusammen verlaufen. Das ist der Grund für einen großen Teil der moralischen Konflikte unseres Lebens. Ob wir wollen oder nicht: Ständig sehen wir uns in unseren Entscheidungen mit diesen beiden Möglichkeiten konfrontiert, mit dem moralischen Unterschied.

Der Nutzen und die Pflicht gehen auch nicht immer Hand in Hand. Häufig ist das, was wir tun sollen, nicht auch das Allernützlichste. Für eine Mutter ist es weniger nützlich, auf ihren kleinen Sohn aufzupassen, der Fieber hat, als arbeiten zu gehen. Für einen Arzt ist es viel nützlicher, den Blinddarm eines begüterten Patienten herauszuoperieren, als den Herzinfarkt eines armen Kranken zu behandeln. Für eine Gesellschaft ist es viel nützlicher, wenn sie all ihre Geldmittel in die Produktion steckt, als wenn sie Altenheime unterhält.

3. Die Suche nach dem Glück

Das menschliche Leben ist jedenfalls die fortwährende Suche nach dem Glück, der andauernde Versuch, durch freie Handlungen zum Glück zu gelangen. Das Gefühls- und das

Sexualleben, das intellektuelle und das berufliche Leben haben im Hintergrund immer die Suche nach dem Glück. Nichts beschäftigt uns mehr als die Suche nach dem Glück; nichts erscheint uns wichtiger. Als freie Menschen versuchen wir, unser Glück zu schmieden. Wie Jean-Paul Sartre schreibt, wenn auch mit einem pessimistischen Unterton: Der Mensch ist dazu verurteilt, frei zu sein. Das Wort des französischen Philosophen aufgreifend, können wir sagen, dass wir dazu verurteilt sind, nach dem Glück zu streben. (Wenn ein Mensch an Selbstmord denkt, dann tut er das mit der Absicht, seinen Leiden ein Ende zu bereiten und ein wenig glücklicher zu sein, indem er zu existieren aufhört.)

Diejenigen Handlungen, die uns in die Pflicht nehmen, die unsere Freiheit einschließen, werden manchmal *menschliche Handlungen* genannt, im Gegensatz zu den *Handlungen des Menschen*, die nicht frei sind. Ein Beispiel für eine menschliche Handlung ist das Heiraten. Sich für die Ehe zu entscheiden, ist eine freie Handlung, die verpflichtet. Handlungen des Menschen dagegen sind unser Atmen oder die Bewegungen unseres Darmes. Wenn unseren Klassenkameraden »der Magen rumort«, dann können sie das nicht verhindern; sie entscheiden sich nicht dafür, Töne zu erzeugen; so etwas geht über ihr Entscheidungsvermögen hinaus.

Die Ethik befasst sich mit den menschlichen Handlungen, befasst sich mit dem Menschen als freiem Wesen, als dem Urheber seines eigenen Geschickes.

Zur Diskussion:

1. Sieh dir den Film Der Herr der Fliegen (Lord of the Flies, *Großbritannien 1963) an oder lies den Roman von William Golding, der dem Film zugrunde liegt. Glaubst du, wir Menschen könnten ohne ein Mindestmaß an ethischen Normen leben? Warum?*

2. Schau dir irgendeine Episode der Simpsons *an. Warum erscheint dort die Persönlichkeit von Homer so farblos? Wieso ist er eine lächerliche Persönlichkeit und hat seinen Kindern gegenüber keine Autorität? Glaubst du, dass Homer Simpson sich bewusst ist, dass seine eigene Existenz in seinen Händen liegt? Hast du den Eindruck, dass das Leben von Homer aus »menschlichen Handlungen« oder aus »Handlungen des Menschen« besteht?*

3. Jemand fährt mit einem Kleinwagen auf einer Straße mit Gegenverkehr. Plötzlich sieht er vor sich eine Kuh auf der Fahrbahn, aber just in dem Moment, als er auf die andere Fahrbahn ausweichen will, kommt ihm dort ein kleines Kind auf einem Fahrrad entgegen. Wie würden die meisten Autofahrer reagieren? Würden sie das Kind überfahren? Oder würden sie in die Kuh rasen, auf die Gefahr hin, sich beim Aufprall zu verletzen? Ist die Reaktion des Fahrers eine freie menschliche Handlung, oder ist sie ein Reflex und also eine Handlung des Menschen?

Zweites Kapitel

Ethik, Psychiatrie, Literatur und Religion

Was Moral ist, können wir von verschiedenen Standpunkten aus zu verstehen versuchen. Wie jede Begebenheit des menschlichen Lebens, lässt sich die Moral unter verschiedenen Gesichtspunkten betrachten. Keiner dieser Gesichtspunkte ist den anderen eigentlich entgegengesetzt, wenn auch jede Art und Weise, sich dem Moralischen zu nähern, ihre je eigenen Grenzen hat. Die wichtigsten Aspekte der Moral sind: der religiöse, der literarische, der philosophische und der psychiatrische Aspekt. Wir alle haben an ihnen in mehr oder weniger großem Maße Anteil.

1. Der religiöse Aspekt

Für die Muslime ist es richtig, mehrere Frauen zu haben (Polygamie), weil es Mohammed so erlaubt hat. Für die Zeugen Jehovas ist es verwerflich, den Fahneneid zu leisten oder eine Bluttransfusion durchzuführen, weil ihre geistigen Führer es so sagen. Bei den Azteken galt das Menschenopfer als gut, weil Huitzilopochtli es so wollte. Moral und Religion gehen Hand in Hand; denn jede Religion beinhaltet eine Lebensform. »Religion« kommt vom lateinischen *religare*, wieder anbinden, festbinden. Der religiöse Mensch betet Gott (oder die Götter) an und passt sein eigenes Verhalten Gottes Willen an; er macht es an seinem Willen fest. Deswegen fragt er sich, ob das, was er tut, mit den Wünschen Gottes in Einklang steht. So kommt es, dass die Religion in der Geschichte die wichtigste Verhaltensnorm gewesen ist.

Es gibt nun zwei Typen von Religionen: die natürliche und die geoffenbarte. »Natürliche« Religion heißt die Beziehung mit Gott, die der Mensch von sich aus, mit natürlichen Kräften, begründet. »Geoffenbarte« Religion ist die Beziehung, die Gott mit dem Menschen begründet. Es ist eine Beziehung, bei der die Initiative von Gott ausgeht; Gott teilt dem Menschen die ewigen Wahrheiten und die moralischen und rituellen Gebote mit. Die geoffenbarte Religion ist übernatürlich. Das bedeutet, dass der bloße Verstand nicht ausreicht, sondern der übernatürliche Glaube – die göttliche Gnade – nötig ist, um einen Zugang zu ihr zu finden.

Es ist klar, dass weder die geoffenbarte Religion noch die natürliche Religion der Vernunft entgegengesetzt sind. Zur natürlichen Religion gelangt man ausschließlich kraft der menschlichen Vernunft. Die übernatürliche Religion ist auf die Gnade Gottes angewiesen und erhebt die menschliche Vernunft zu Wahrheiten, die sie, auf sich allein gestellt, niemals erreichen könnte. Die übernatürliche Religion hebt den Verstand nicht auf, sondern setzt ihn voraus.

Normalerweise bestehen die Religionen nicht nur aus einer Reihe von Riten (Weihrauch anzünden, Blumen darbringen, sich in Richtung Mekka verneigen und ein Gebet verrichten). Sie enthalten auch moralische Vorschriften und eine Weltanschauung. Die Juden dürfen kein Schweinefleisch essen, die Zeugen Jehovas keine alkoholischen Getränke zu sich nehmen, Muslime sollen mehrere Male im Jahr fasten, Hindus essen kein Rindfleisch. Darüber hinaus äußern sich die meisten Religionen zu den großen Fragen der menschlichen Existenz, besonders zu derjenigen nach unserem Glück. Die Religionen beanspruchen, Wege zum Glück zu sein, und deswegen sind ihre moralischen Gebote Mittel, das Glück zu erlangen. Solche Gebote sind Wege zum Glück – vermeintliche oder wahrhaftige, je nachdem, ob die fragliche Religion wahrhaftig ist oder nicht – und nicht bloß gewohnheitsmäßige oder rituelle Vorschriften.

Die moralischen Gebote einer Religion werden von den Gläubigen durch verschiedene Glaubensakte, durch Vertrauen, für sich übernommen: Sie sind Glaubensgut, das nicht überzeugend bewiesen wurde. Das will jedoch nicht besagen, dass sie gegen die Vernunft angenommen werden; es bedeutet vielmehr, dass sie nicht aufgrund eines wissenschaftlichen oder philosophischen Beweises angenommen werden. Der Glaube ist als solcher noch kein unvernünftiger Akt. Der religiöse Glaubensakt unterscheidet sich deutlich von der Tätigkeit des Philosophierens, ohne dass die beiden einander wirklich entgegengesetzt wären. Wie wir schon bemerkt haben, stützt der Philosoph seine Aussagen ausschließlich auf vernünftige Beweisgründe, nicht auf den Glauben.

Eben weil der Glaube und die Vernunft einander nicht wirklich entgegengesetzt sind, kommt jeder Anhänger einer Religion schließlich einmal dahin, dass er sich nach der vernünftigen Grundlage der moralischen Gesetze fragt, die seine Glaubensüberzeugungen ihm gebieten, nach ihrer logischen Stimmigkeit und den Argumenten, die für oder gegen sie sprechen.

2. Der literarische Aspekt

Die Geschichte der Literatur ist zugleich Geschichte der Ethik: Sie ist Erzählung moralischer Begebenheiten. *Elektra* von Sophokles ist die Geschichte einer Tochter, die ihre ehebrecherische Mutter Klytaimnestra tötet, um den Tod ihres Vaters Agamemnon zu rächen. *Der Cid* ist die Geschichte eines Vasallen, der seinem König treu bleibt, obwohl ihn dieser in die ungerechte Verbannung geschickt hat. In *Macbeth* geht es darum, wie die Machtgier von Lady Macbeth Mord und Krieg entfesselt. *Madame Bovary* von Gustave Flaubert erzählt von der Langeweile einer Dame mit ihrem Ehemann und von ihren Liebesabenteuern mit einem jungen Mann; ihr launisches, widersprüchliches und unreifes Verhalten treibt sie in den Selbstmord, als ihr Liebhaber sie verlässt und die Schulden sie ruinieren. *Mit gutem Gewissen* von Carlos Fuentes handelt von einer traditionellen mexikanischen Familie und einem Jugendlichen; als er merkt, dass sein Onkel in demselben Freudenhaus zugange ist wie er selbst, verliert er jeden Glauben an die traditionellen Werte.

Literatur beschreibt, erzählt, berichtet; und manchmal bewertet sie auch. Ohne zum Beispiel ausdrücklich eine Verurteilung auszusprechen wie: »Ehrgeiz und Mord führen in den Abgrund«, schildert Shakespeare das verhängnisvolle Ende von Macbeth und seiner Gattin und bewertet dabei Ehrgeiz und Mord. Er zeigt, wie ein Mord den nächsten nach sich zieht, wie Gewalt wieder Gewalt erzeugt und wie der Mörder von Gewissensbissen geplagt wird. Carlos Fuentes kritisiert seinerseits auf indirekte Weise die traditionellen Werte der mexikanischen Gesellschaft, indem er die Scheinheiligkeit einiger Menschen verspottet, die nicht in Einklang mit den Prinzipien leben, die sie selber hochhalten.

Es ist gewöhnlich nicht die Absicht des Schriftstellers zu moralisieren, eine Lehre zu erteilen oder eine Verhaltensweise zu fördern – einmal abgesehen von einigen Fabeln, die ihre »Moral« sogar selbst erklären. Doch ergreift die Lebendigkeit der Literatur unser Empfinden in einer solchen Weise, dass sie in der ganzen Geschichte immer wieder dazu benutzt wurde, um den Menschen ein bestimmtes Verhalten nahe zu legen. (So war es mit den Ritterromanen im Mittelalter und dem religiösen Theater im goldenen Zeitalter Spaniens; oder auch mit den sowjetischen Propagandaromanen, die zum Ziel hatten, beim Leser die Liebe für die kommunistische Revolution hervorzurufen; oder mit den Filmen, die man im nationalsozialistischen Deutschland produzierte, um die Überlegenheit der arischen Rasse zu veranschaulichen.)

Worum es dem Künstler zuerst geht, ist, Schönheit zu schaffen; und dazu kann ihm eine natürliche Landschaft genauso dienen wie das menschliche Leben. Auch die moralischen Begebenheiten gehören zu den Dingen, die den Schriftsteller interessieren, weil das Betrachten des menschlichen Lebens Gefühle weckt, Empfindungen und Eindrücke hervorruft. Flaubert schildert den allmählichen Niedergang von Madame Bovary und lässt ihn uns beinahe selbst erleben. Er spricht die Empfindung, das Gefühl an; er erörtert nicht mit vernünftigen Argumenten die Frage, ob ihr Verhalten richtig oder falsch ist. Ein literarisches Werk ist keine ethische Abhandlung. Der Künstler versucht nicht, seine Anschauungen über die Moral rational zu begründen. Er will sie auf eine schöne Weise zum Ausdruck bringen. Die Literatur ist für ihn mehr eine Sammlung moralischer Porträts als eine Sammlung von Geboten.

Die Literatur übt einen großen Einfluss auf die Anerkennung moralischer Werte aus. Würde man uns nur mit nationalsozialistischen Büchern und Filmen erziehen, dann würden wahrscheinlich auch wir die Juden verachten. Die jungen Griechen etwa wurden in den Werten erzogen, wie sie die *Ilias* und die *Odyssee* beschrieben und verherrlichten: Mut, Stärke, Tapferkeit, Treue. Das heißt nicht, dass die Kunst und die Literatur unsere moralischen Vorstellungen vollständig festlegen; aber sie beeinflussen sie doch in hohem Maße. Schließlich sind Kunst und Literatur reich an Bildern, beziehen unsere Sinne mit ein und sprechen eine weniger abstrakte Sprache als die Philosophie.

3. Der philosophische Aspekt: die Ethik

Als Kinder übernehmen wir ungeprüft die Verhaltensregeln und moralischen Vorstellungen, die wir von unseren Eltern empfangen. Dann aber kommt der Moment, sei es aufgrund des Alters oder dank der Erziehung, da bloß religiöse oder literarische Fragestellungen nicht mehr ausreichen. Der Mensch ist ein vernünftiges Wesen. Unser Verstand drängt uns dazu, tiefer in die Tatsache der Moral einzudringen. Verstehe das nicht falsch: Damit soll nicht gesagt sein, dass es zur intellektuellen Reife gehört, den Glauben und die Literatur sein zu lassen. Was wir meinen, ist, dass die intellektuelle Reife von uns verlangt, dass all unsere Kenntnisse – die religiösen, die ästhetischen, die sozialen – systematisch geordnet und besser begründet werden. Der Glaube eines Kindes ist nicht derselbe wie der Glaube des heiligen Thomas von Aquin.

Wir suchen also die Grundlagen der Moral, und wir verlangen nach begründeter Auskunft über das Gute und das Böse. Warum ist es nicht immer das Beste, das zu tun, »was mir eben in den Sinn kommt«? Warum gibt es keine Ausnahmen von moralischen Geboten? Warum gibt es moralische Werte, die in einer Kultur anerkannt, aber von einer anderen verworfen werden? Warum haben die Völker Mittelamerikas die Menschenopfer gutgeheißen, während die alten Griechen so etwas ablehnten? Warum war im römischen Recht das Foltern des Angeklagten erlaubt, warum ist es nach heutigem Recht verboten? Warum haben die Spartaner die kränklichen Säuglinge getötet, während wir sie heute ganz besonders pflegen und schützen?

Die Philosophie ist das vernünftige Instrument, mit dem sich solche Fragen beantworten lassen. Philosophieren heißt nicht, die Zukunft vorauszusehen oder zu versuchen, mit den Verstorbenen Kontakt aufzunehmen. Die Philosophie ist nicht die Wissenschaft, »mit der oder ohne die sowieso alles so bleibt, wie es ist«. Philosophieren heißt weder, schöne Worte zu schreiben, noch abgehobenes und unverständliches Zeug. Philosoph bedeutet nicht dasselbe wie gedankenverloren und zerstreut.

Die Philosophie ist eine Disziplin mit drei besonderen Merkmalen: Sie ist vernünftig (rational), umfassend (universal) und radikal, das heißt, sie geht den Dingen auf den Grund.

a) Die Philosophie ist rational, weil sie argumentiert, begründet und beweist. Während die Religion auf dem Glauben und der Vernunft beruht, nämlich auf der Autorität Gottes als dem Ursprung der Wahrheit, und während die Literatur Gefühle vermittelt, erklärt die Philosophie alles ausschließlich mit der Vernunft. Der Philosoph begnügt sich nicht damit, den Ehebruch zu beschreiben wie der Schriftsteller, noch damit, Statistiken zu erstellen über die Untreue in der Ehe wie der Soziologe, noch damit, die unterschiedlichen Vorstellungen von der Ehe bei den Arabern und den Australiern miteinander zu vergleichen, wie es der Sozialanthropologe tut. Er rechtfertigt auch nicht die Polygamie, indem er sich auf den Koran beruft, noch verteidigt er das Recht auf Leben, indem er auf den biblischen Dekalog (die Zehn Gebote) verweist. Der Philosoph erforscht die menschliche Natur mit den Mitteln der Vernunft, und nur auf ihrer Grundlage versucht er, die Ethik zu begründen.

b) Der Philosoph ist ein Spezialist im Aufdecken von Zusammenhängen. Während die übrigen Einzelwissenschaften (Physik, Chemie, Psychologie ...) einen einzigen Aspekt der Wirklichkeit untersuchen und von allen anderen Aspekten absehen, geht es dem Philosophen darum, Brücken zwischen diesen Disziplinen zu errichten. In einem gewissen Sinne untersucht der Philosoph also die gesamte Wirklichkeit. Die besondere Aufgabe des Philosophen ist es zu zeigen, »dass alles mit allem zu tun hat«. In der Ethik zeigt der Philosoph, dass das Thema Mord mit der Freiheit zu tun hat und daher auch mit dem menschlichen Körper (legen uns unsere Gene darauf fest, dass wir zum Mörder werden?), mit Gott (wenn es keinen Gott gibt, ist es dann erlaubt zu töten?), mit der Gesellschaft (soll man den Mörder mit dem Tode bestrafen?).

Dem Philosophen geht es darum, ganze Bühnenbilder zu errichten: Jede moralische Handlung wird von ihm in einen weiteren Zusammenhang gestellt; letztendlich versucht der Philosoph zu zeigen, dass jeder noch so kleine Teil eines Mosaiks zu einem in sich geschlossenen Ganzen gehört. Das Thema Tod hat mit der Freiheit zu tun und die Freiheit mit dem Körper, der Körper mit der Erkenntnis und die Erkenntnis mit dem Willen. In einer Kultur von Spezialisten wie der unseren kommt dem Philosophen die Aufgabe zu, die Einheit der Perspektiven wiederzugewinnen: die verschiedenen Wissenschaften miteinander ins Gespräch zu bringen.

c) Radikalität kommt vom lateinischen *radix*, was so viel heißt wie Wurzel. Die Philosophie ist eine radikale Wissenschaft, weil sie »an die Wurzel geht«: Der Philosoph dringt in das Innerste der Wirklichkeit ein, untersucht sie von Grund auf und gibt sich nicht zufrieden mit oberflächlichen Erklärungen. Der Philosoph ist ein ewig Unzufriedener, dem die »typischen« Erklärungen nicht ausreichen. Er ähnelt dem kleinen Kind, das immerzu die Frage stellt: Warum? Den Philosophen verwundert das Gewöhnliche ebenso sehr wie das Außergewöhnliche. Wir alle sehen, wie die Sonne jeden Tag aufgeht; aber der Philosoph wundert sich, dass das jeden Tag geschieht: Kehrt in der Natur alles wieder? Wird sie von notwendigen Gesetzen regiert? Die meisten Menschen haben zu allen Zeiten geglaubt, dass sie frei sind; nur dem Philosophen kommt es in den Sinn zu fragen: Sind wir wirklich frei? Sind wir nicht durch biologische, geschichtliche und gesellschaftliche Umstände so weit festgelegt, dass unsere Freiheit darunter zerbrechen muss? Das ist eine Frage, wie sie von der philosophischen Ethik erörtert wird.

Um ein Gemälde angemessen betrachten zu können, muss man sich ein wenig von ihm entfernen. Sonst sieht man vor lauter Bäumen den Wald nicht. Nur wer einen gewissen Abstand einhält, bekommt den Blick auf den ganzen Wald frei. Dem Philosophen gelingt es, einen umfassenden Blick auf die Wirklichkeit frei zu bekommen, indem er radikal ist, das heißt: indem er sich den ersten Prinzipien zuwendet, den letzten Gründen, in denen die Wirklichkeit verwurzelt ist. Der Philosoph ist nicht ein wandelndes Wörterbuch, der alles über jedes beliebige Thema weiß; sondern er weiß, wie man das Wörterbuch alphabetisch ordnet. Darum versucht er, den Mediziner mit dem Juristen und den Physiker mit dem Theologen ins Gespräch zu bringen.

4. Der psychiatrische Aspekt

Die Psychiatrie befasst sich mit dem geistig-seelischen Leben des Menschen. Sie ist ein Zweig der Medizin – wenn auch die Frage, was für eine Wissenschaft genau die Psychiatrie ist, unter den Psychiatern selbst noch immer sehr umstritten ist. Die Psychiatrie beschreibt das geistig-seelische Leben hauptsächlich als eine empirische (erfahrbare) Tatsache. Sie beschreibt die Empfindungen, Gefühle, Persönlichkeit und Reaktionen des Menschen. Ziel der Psychiatrie ist es nicht nur, geistige Krankheiten wie Schizophrenie oder Depressionen zu heilen; sondern es geht ihr auch um eine möglichst gründliche Kenntnis des menschlichen Geistes, seines Verhältnisses zum Körper und zu anderen Personen, um zu wissen, was für das psychosomatische Gleichgewicht (die Gesundheit von Körper und Geist) nötig ist.

Die Psychiatrie ist nicht Philosophie, und zwar aus einem ganz einfachen Grunde: Der Psychiater kann mir meine Gesundheit zurückgeben, aber er wird mir nicht sagen, was ich mit ihr anfangen soll. Der Psychiater weiß zwar, dass es für die seelische Gesundheit erforderlich ist, einen Sinn im Leben zu haben, aber es kommt ihm nicht zu, diesen Sinn zu ermitteln – das ist eine philosophische (oder theologische) Angelegenheit.

Heute gibt es viele Richtungen in der Psychiatrie, die sich der Philosophie angenähert haben. Die Grenze zwischen manchen Fragestellungen der Psychiatrie und solchen der Philosophie ist verschwommen. Das ist der Grund, warum es Leute gab wie Karl Jaspers (ein existentialistischer Philosoph und Psychiater) und Viktor E. Frankl (den Begründer der Logotherapie), deren Bücher sowohl von den Philosophen als auch von den Psychiatern studiert werden.

Zur Diskussion:

1. Diskutiere die folgenden Fragen: Wie lösen die Menschen von heute ihre moralischen Fragen und Probleme? Welche Rolle spielt das Fernsehen bei der Verbreitung von moralischen Verhaltensweisen? Bemühen sich junge Menschen darum, ihre moralischen Probleme zu überdenken, oder geben sie sich mit einfachen Antworten zufrieden?

2. Glaubst du, dass die Talkshows im Fernsehen eine gute Möglichkeit darstellen, moralische Probleme zu diskutieren?

3. Heinrich V. *ist ein Theaterstück von William Shakespeare. Vor einigen Jahren ist es verfilmt worden. Lies das Werk [in Reclams Universal-Bibliothek, Nr. 9899] oder sieh es dir an. Hast du den Eindruck, dass Shakespeare in seinem Stück moralische Probleme aufwirft? Werden sie dort gelöst? Worin unterscheidet sich das Vorgehen der Philosophen von dem der Schriftsteller, wenn sie moralische Fragen ansprechen?*

Drittes Kapitel

Philosophie und Ethik

Im vorigen Kapitel haben wir über die verschiedenen Aspekte der Moral gesprochen. Sicher hast du sie schon in deinem Leben erfahren. Eine Krankheit oder ein geschehenes Unrecht hast du vielleicht unter einem religiösen Gesichtspunkt betrachtet. Oder du hast dich beim Betrachten eines Kunstwerks oder beim Lesen eines Romans mit einer bestimmten Figur identifiziert – vielleicht mit der Julia aus *Romeo und Julia*, weil deine Eltern nicht wünschen, dass du mit deinem Freund ausgehst. Die philosophischen Fragestellungen sind natürlich etwas schwieriger gewesen; aber wir sind uns sicher, dass du aufgrund deines Alters und deiner Bildung auf jeden Fall in der Lage bist, dich rational (mit der bloßen Vernunft) mit moralischen Fragen auseinander zu setzen. Jedenfalls ist es wichtig, dass du dir immer darüber im Klaren bist, dass diese verschiedenen Gesichtspunkte normalerweise einander ergänzen und nicht etwa einander ausschließen.

Der religiöse Gesichtspunkt ist dem philosophischen nicht entgegengesetzt; es handelt sich einfach um einen anderen Aspekt, mit anderen Regeln und unter anderen Vorzeichen. Ebenso wenig stehen die moralischen Probleme, die von literarischen Werken aufgeworfen werden, der Ethik irgendwie feindlich gegenüber; sie sind ihr im Gegenteil eine wertvolle Hilfe. Auf verschiedenen Wegen: durch Argumentation (Philosophie), durch Glauben (Religion), durch klinische Erfahrung (Psychiatrie) oder durch die Erfahrung des Schönen (Literatur), kann man zu Schlussfolgerungen gelangen, die einander ergänzen. So ist es möglich, ein vollständigeres Bild von der Moral zu gewinnen.

1. Ethik als philosophisches Wissen

Dennoch gilt es festzuhalten, dass die Philosophie der Auseinandersetzung mit der Moral drei Eigenarten hinzufügt: das Systematische, das Argumentative und das Intersubjektive.

a) *Systematik:* Die philosophische Ethik ist ein planmäßiges Studium der Moral. Grundsätze und Verfahren werden untersucht, Regeln aufgestellt, die Landkarte des moralischen Lebens wird sorgfältig aufgezeichnet und überprüft. Während sich die Literatur auf eine unsystematische Weise mit dem moralischen Leben beschäftigt, ohne Plan und Programm, ist die Ethik ein geordnetes Unternehmen mit klar definierten Zielen: Es geht ihr darum, die Grundlagen des moralischen Lebens zu verstehen.

b) *Argumentation:* Die Ethik bedarf keines religiösen Glaubens. Sie löst die großen Probleme des moralischen Lebens nicht im Rückgriff auf eine Offenbarung oder auf die Autorität Gottes. Eine ethische Untersuchung besteht vielmehr darin, dass Argumente vorgebracht werden: Wir gehen von Prämissen aus, die von allen anerkannt werden (etwa weil sie unmittelbar einleuchten), und führen den Gedankengang so lange weiter, bis wir zu Schlussfolgerungen gelangen. Was das betrifft, so werden wir nicht müde, dich daran zu erinnern – verzeihe uns unsere Beharrlichkeit –, dass es zwischen Ethik und Religion, zwischen Ethik und Literatur keinen wirklichen Gegensatz gibt. Es sind nur verschiedene und einander ergänzende Wege – ein gutes Beispiel dafür, wie facettenreich der menschliche Verstand ist.

Nun liegt der ethischen Argumentation aber keine experimentelle Methode zugrunde. Denn das, worum es in der Moral geht, sind nicht die rein physikalischen Tatsachen. Wenn wir einen Mord beurteilen, dann interessiert uns weniger seine physikalische Beschreibung als vielmehr sein moralischer Wert. Beschreiben kann einen Mord ja auch der Arzt. »Ein Dolchstich durchtrennte die Halsschlagader und ließ einen Mann mittleren Alters verbluten.« Eine solche physiologische Beschreibung hilft uns aber nicht weiter, wenn wir wissen wollen, ob der Mord moralisch verwerflich war oder nicht. Der Philosoph will wissen, ob wir das Recht haben, über das Leben unserer Mitmenschen zu verfügen – und nicht, ob die Halsschlagader eine Vene ist oder eine Arterie.

c) *Intersubjektivität:* Wir nennen ein Wissen »intersubjektiv«, wenn es von verschiedenen Individuen geteilt werden kann. Der Schmerz etwa, den Achilles empfand, als man seinen besten Freund Patroklos tötete, ist nicht intersubjektiv, weil niemand außer ihm selbst diesen Schmerz genau kennen kann. Wir können den Schmerz des Achilles vielleicht ein wenig nachvollziehen, wenn wir daran denken, wie es uns erging, als uns Ähnliches widerfuhr beim Tode eines geliebten Wesens; doch nur er allein hat das ganze Ausmaß seines Kummers verspürt. Schmerzen sind etwas Subjektives; Schmerzen sind nicht intersubjektiv.

Hingegen wissen wir alle, dass Napoleon auf der Insel Korsika im Mittelmeer geboren wurde und dass der Satz des Pythagoras wahr ist. Dieses Wissen ist intersubjektiv. Und so beansprucht auch die Ethik Intersubjektivität. Sie beansprucht, sich auf eine logische Argumentation zu gründen, die von jedem vernünftigen Wesen nachvollzogen werden kann: Ethische Urteile wollen *universal* (allgemeingültig) sein. In der Ethik kommt es nicht darauf an zu wissen, was der Mörder verspürte, als er sich an seinem Feind rächte, sondern zu wissen, ob es überhaupt ein Recht auf Rache gibt.

2. Ethik als Theorie

Theorie kommt vom griechischen *theoría*, Betrachten. Die Philosophie ist eine Disziplin mit theoretischem Charakter. Die Philosophie verändert die Wirklichkeit nicht – oder jedenfalls nicht unmittelbar –, sondern sie erkennt sie. Sie entwirft einen begrifflichen Rahmen, eine Idee der Welt und des Menschen, um daraufhin die Wirklichkeit verändern zu können. Denn nur wenn wir wissen, was der Mensch ist und wie beschaffen die Welt ist, können wir sie auch in angemessener Weise verändern.

Zu verändern, bloß um zu verändern, ist absurd. Sich bewegen oder laufen, ohne ein Ziel zu haben, ist unlogisch. Die Philosophie ist die Grundlage der Praxis, wenn auch noch nicht die Praxis selbst. Das können wir uns an einem Vergleich verdeutlichen. Der Arzt weiß, welche Antibiotika er einem Tuberkulose-Patienten geben muss und welche Vitamine er ihm zu verordnen hat, damit er seine verlorene Kraft wiedererlangt. Der Arzt verwandelt den kranken Menschen in einen gesunden Menschen. Hat der aber einmal die Gesundheit wiedererlangt, wird ihm der Arzt nicht auch noch sagen, was er mit ihr anfangen soll. Es gehört nicht zu den Aufgaben des Arztes, mich davor zu warnen, dass das Glück nicht im Reichtum liegt. Höchstens wird er mir sagen, dass ein Übermaß an Arbeit zu Stress führt.

Wenn der Philosoph mir dagegen erklärt, was der Mensch ist und worin der Zweck seines Daseins besteht, dann zeigt er mir damit einen Weg auf – einen mit vielen Fahrspuren –, mich ganz zu dem zu machen, was ich bin.

3. Ethik als Fertigkeit

Die Philosophie, so haben wir gesagt, hat den Charakter des Theoretischen. Aber die Philosophie ist zugleich eine Art Geschicklichkeit, eine Fertigkeit. Wenn wir zum Beispiel Logik studieren, dann erwerben wir Kenntnisse in einer Wissenschaft und in einer Kunst: in einer Wissenschaft, insofern wir unser Wissen über die Formen des Denkens vermehren; und in einer Kunst, weil wir die Kunst des richtigen Denkens erlernen. So ähnlich verhält es sich auch mit der Ethik. Sie ist Theorie, weil sie uns ein Wissen über die richtigen Lebensformen vermittelt; und sie ist Kunst, weil sie uns lehrt, in jeder Situation nach den Maßstäben der Vernunft zu leben. Das Ziel der Ethik ist, uns eine praktische Fähigkeit zu vermitteln: dass sich unser Wille so von unserem Denken bewegen lässt, dass wir ethisch richtig handeln.

Deswegen sagten die alten Griechen: Nur wer ethisch lebt, versteht auch etwas von der Ethik, genauso wie nur ein guter Maler sich wirklich auf die Malerei versteht; denn dazu reicht es nicht aus, dass man sich nur in der Geschichte der Malerei gut auskennt. Willst du die Ethik beherrschen, ist es nicht genug, wenn du die Abschlussprüfungen bestehst; die Ethik beherrschst du erst dann, wenn du über dein Studium hinaus auch ein gutes Leben führst.

4. Der Unterschied zwischen technischer und ethischer Fertigkeit

Es gibt zwei Arten von praktischen Fertigkeiten: die künstlerisch-technischen und die ethische. Die künstlerisch-technischen Fertigkeiten dienen dem Verändern äußerer Gegenstände, ihrem Herstellen und Bearbeiten. Der Uhrmacher baut ein Uhrwerk zusammen und repariert es; der Schweißer verlötet mechanische Teile; der Programmierer entwirft Software; der Tierarzt führt künstliche Befruchtungen des Viehs durch; der Bildhauer bearbeitet den Marmorblock so lange, bis er aus ihm die Nike von Samothrake hervorholt. Du siehst, mit den künstlerisch-technischen Fertigkeiten verändern wir immer etwas Äußerliches.

Im Unterschied dazu ist die Ethik eine Fertigkeit, die den verändert, der sie besitzt. Der ethische Mensch verändert sich selbst. Deswegen haben viele Philosophen gesagt, dass die Ethik, mehr noch als ein theoretisches Wissen, eine Lebensform ist. Oder besser gesagt, sie ist ein bestimmtes theoretisches Wissen, das eine Lebensform beinhaltet. Und wie der Uhrmacher die Teile einer Uhr und die Gesetze der Mechanik kennen muss, so muss der ethische Mensch die menschliche Natur und ihre Gesetze kennen, um sich selbst verändern zu können.

5. Schwierigkeiten der Ethik

Ethik ist kompliziert, und zwar aus vier Gründen:

a) Ein großer Künstler wird man bereits dadurch, dass man *ein* Meisterwerk schafft. Wären uns von Michelangelo nur der David überliefert, von Leonardo einzig die Mona Lisa und von Beethoven allein die Neunte Sinfonie, sie wären dennoch in die Geschichte eingegangen. Anders verhält es sich mit der Ethik: Weil dort das hervorgebrachte Werk nicht etwas Äußerliches ist, sondern der Mensch selbst, werden wir erst am Ende unseres Lebens wissen, ob ein Meisterwerk entstanden ist.

b) Eine mexikanische Volksweisheit sagt: »Der Anwalt bringt seine Irrtümer hinter Gitter, der Arzt bringt sie ins Grab.« Wenn ein Anwalt sich irrt, kann das dazu führen, dass sein Klient sich im Gefängnis wiederfindet; wenn ein Arzt sich irrt, kann das für seinen Patienten den Tod bedeuten. In diesem Punkte ähnelt die Ethik der Medizin: In der Medizin schaden Irrtümer der Gesundheit des Menschen; in der Ethik schaden sie seinem Glück.

Im Bereich der Technik oder der Kunst wiegt ein Irrtum dagegen meist nicht so schwer, weil sich eine defekte Uhr wieder reparieren und ein schlechtes Gemälde von vorn beginnen lässt. Ist aber das Werk, das es zu verändern gilt, unser eigenes Leben, dann müssen wir mit viel größerer Vorsicht zu Werke gehen.

c) Sowohl in der Technik und Kunst wie auch in der Ethik muss zwischen dem unterschieden werden, was gut an sich ist, und dem, was hier und jetzt gut ist. Nehmen wir ein Beispiel aus der Architektur. Allgemein betrachtet ist es bei uns in Mexiko am besten, ein Haus aus Stahlbeton zu bauen. Das ist ein festes und robustes Material, welches Erdbeben und Wirbelstürmen standhält. Aber ein Haus aus Stahlbeton ist sehr teuer. Wenn einer nicht viel Geld hat, ist es für ihn schwierig, mit Stahlbeton zu bauen. In diesem Falle ist es besser, dass er Ziegelsteine nimmt und den Beton nur für die Träger und Querbalken verwendet. Der Architekt muss wissen, was hier und jetzt das Beste ist.

Genauso liegen die Dinge beim Arzt: Allgemein betrachtet ist es am besten, wir nehmen drei Mahlzeiten am Tag zu uns; doch müssen Kinder und Diabetiker über den Tag verteilt und daher häufiger als dreimal essen. Der Arzt muss das an sich Gute zu unterscheiden wissen von dem, was in einer gegebenen Situation gut ist. So ist es auch in der Ethik: Es wäre völlig nutzlos, die ethischen Normen in- und auswendig zu wissen, wenn ich nicht auch in der Lage wäre, sie im alltäglichen Leben anzuwenden. Ethisch ist nämlich nicht der, der weiß, worin das Gute besteht, sondern der, der gut handelt. Wie Techniker und Künstler, so müssen auch ethische Menschen die allgemeinen Regeln (das theoretische Wissen) auf den Einzelfall anwenden lernen. Auch die Ethik ist eine Art von Kunst – die Kunst, sich frei und vernünftig zu verhalten.

d) Und schließlich bezieht die Ethik, im Unterschied zur Technik, das Subjekt mit ein. Die Lebensform des Uhrmachers hat keine direkten Auswirkungen auf das Erzeugnis seiner Arbeit, noch bestimmt seine Kenntnis der Uhrmacherkunst sein sonstiges Verhalten. Zum Beispiel sagt uns die Uhrmacherkunst nichts über den Sextourismus oder andere Formen der Menschenrechtsverletzung; man kann die Uhrmacherkunst beherrschen und dabei ein Sextourist sein. Für das persönliche Leben des Uhrmachers ist es gleichgültig, ob ein Schweizer Uhrwerk besser ist als ein japanisches.

In der Ethik ist das nicht so. Weil die Ethik eine Theorie ist, die vom Glück handelt – eine Anleitung zum Glücklichsein –, darum wirkt sich mein ethisches Wissen immer auch auf mein persönliches Verhalten aus. Und umgekehrt wirkt sich mein Verhalten auf meine ethischen Überzeugungen aus, wie das Sprichwort sagt: »Wer nicht lebt, wie er denkt, wird bald so denken, wie er lebt.« Ein Sultan mit einem Harem von fünfhundert schönen Damen wird schwerlich zum Fürsprecher der Monogamie (Einehe) werden. Und ein Schüler, der sich an jedem Wochenende betrinkt, wird schwerlich im Ethikunterricht die Ansicht vertreten, dass die Besoffenheit mit der Natur des Menschen als eines vernünftigen Wesens nicht zu vereinbaren ist.

Die Hauptschwierigkeit beim Studium der Ethik liegt darin begründet, dass der Gegenstand der Erkenntnis – wir selbst sind. In der Ethik sind wir beides zugleich: Richter und Beteiligte. Wir beurteilen in der Ethik letztlich uns selbst, und da wird es schwierig, beim Urteilen objektiv zu bleiben. Häufig neigen wir dazu, uns selbst zu rechtfertigen. Aber die Ethik darf kein Gebäude von Theorien sein, mit denen wir unsere Launen rechtfertigen. In der Ethik geht es um etwas viel Allgemeineres: um die objektive Erkenntnis der menschlichen Natur und der Pflichten, die sich aus ihr ergeben.

Zur Diskussion:

1. *Ein bekannter Spruch lautet: »Niemand ist ein guter Richter in eigener Sache.« Glaubst du, dass es dabei um das Problem der Objektivität ethischer Erkenntnis geht?*

2. *Was, meinst du, hat der philosophische Begriff des Menschen mit der Ethik zu tun?*

3. *Woran könnte es deiner Meinung nach liegen, dass es uns so schwer fällt, im ethischen Urteil objektiv zu bleiben?*

Viertes Kapitel

Die Natur als Grundlage der Ethik

Im vorigen Kapitel haben wir gesehen, dass die Ethik eine theoretische Erkenntnis über die Natur und eine praktische über das Handeln des Menschen beinhaltet; denn die Ethik hilft uns, die Pflichten, die sich aus unserer menschlichen Natur ergeben, zu erfüllen. In diesem Kapitel wollen wir über die Begründung der Ethik sprechen, vor allem darüber, dass die Ethik etwas Positives ist. Wir wollen dazu beitragen, den »Pípila-Komplex« zu überwinden. Pípila ist eine berühmte Gestalt aus der Geschichte Mexikos, ein furchtloser Freiheitskämpfer, der sich einen riesigen Stein auf die Schultern lud, um sich vor dem Kugelhagel der Spanier zu schützen, und sich so zu einem Waffenlager durchkämpfte. Kannst du dir Pípila vorstellen, wie er unter dem Stein keucht und stöhnt und sich schwitzend langsam voranschleppt? Manchmal stellen wir uns die Ethik wie Pípilas steinerne Last vor: wie ein drückendes Gewicht, einen riesigen Stein, den wir Menschen zu tragen haben. Wir stellen uns die Ethik als eine Liste von Verboten vor: Tu dies nicht, sag das nicht, denk jenes nicht; du darfst nicht, du sollst nicht, du hast kein Recht; nein, nein und nochmals nein: eine Ethik für Sklaven, nicht für freie Menschen. Wie lässt sich eine solche den Menschen erdrückende Ethik vermeiden? Indem man die Ethik auf die menschliche Natur gründet.

Die menschliche Natur ist körperlich und geistig zugleich. Der Mensch ist ein vernunftbegabtes Tier; unser körperliches Sein ist auf die Vernünftigkeit hingeordnet. Weil wir über eine Vernunft verfügen, sind wir offen für eine Wirklichkeit, die das sinnlich Wahrnehmbare übersteigt.

Aufgrund dieser Einsichten wollen wir versuchen, die Ethik zu begründen, um dadurch den »Pípila-Komplex« zu überwinden.

1. Natur und Zweck

Beim Betrachten der Natur fällt uns auf, dass in der Welt alles eine bestimmte Funktion hat. Die Bienen befruchten die Blumen mit Pollen. Die Farbe der Blumen zieht die Bienen an. Die Mineralien in der Erde und das Wasser stärken die Wurzeln der Blumen. Das bedeutet, die Strukturen der lebendigen Organismen, aber auch der unbelebten Stoffe, haben eine natürliche Funktion, einen Zweck. In der Natur ist nichts vergeblich da, alles natürliche Sein hat seinen Zweck. Das Sein der Vögel zum Beispiel erfüllt seinen Zweck durch das Fliegen, durch das In-den-Süden-Ziehen beim Wintereinbruch, durch das Wachsen und Sich-Fortpflanzen, durch die Einbindung in die Nahrungskette und schließlich durch den Tod, um anderen Vögeln das Leben zu ermöglichen. Nichts, was in der Natur ist, ist umsonst in der Natur; es existiert, damit es etwas tut, damit es eine Funktion erfüllt; und indem es seine Funktion erfüllt, macht es sich in seinem besonderen Sein vollkommen: wird es in vollem Sinne zu dem, was es ist; erreicht es die Fülle seines Seins.

Die Vögel und alle übrigen Lebewesen in der Natur handeln, indem sie einem instinktiven Impuls folgen; sie erfüllen ihre Funktion notwendig und unveränderlich. Für ein Tier genügt es, wenn es seinem Instinkt folgt, um sich in vollem Sinne zu dem zu machen, was es ist. Ein Lachs ist ein vollkommener Lachs, wenn er seiner natürlichen Neigung folgt und den Fluss hinaufschwimmt, um zu laichen. Die Sonnenblume richtet sich natürlicherweise zur Sonne hin aus und folgt ihrem Lauf; ihre Wurzeln suchen natürlicherweise die feuchten Zonen im Erdreich.

Bei den Tieren und bei den Pflanzen bestimmen die genetische Struktur sowie äußere Einflüsse das Verhalten. Ihr natürliches Verhalten ist auf eine unveränderliche Weise festgelegt. Bei den Bienen ist keine Arbeiterin jemals auf die Idee gekommen, sich gegen die Königin zu erheben und für ein demokratisches System zu kämpfen, weil sie sich ausgebeutet fühlt. Eine faule Arbeiterin gibt es bei den Bienen ebenso wenig wie eine arbeitsame Drohne. Das Bärenmännchen und das Bärenweibchen paaren sich jedes Jahr zu einer ganz bestimmten Zeit. Die Löwen fressen, was sie brauchen, und nur unter ganz außergewöhnlichen Umständen fressen sie weniger oder mehr.

Die Biologie befasst sich mit dem Verhalten der Lebewesen. Für rein biologisch erklärbare Verhaltensweisen ist die Ethik nicht zuständig, weil sie nicht frei sind. Das Verhalten der Tiere und Pflanzen entspricht vollkommen ihrer Natur. Oder anders ausgedrückt, Sein und Sein-Sollen sind bei ihnen dasselbe. Ein Löwe verhält sich genau so, wie er sich verhalten soll. Ein Löwe, der sich wie eine Gazelle verhält, den gibt es nicht; und umgekehrt hat man noch nie eine Gazelle gesehen, die sich wie ein Löwe verhält. Ein Löwe kann bei seiner Aufgabe, ein Löwe zu sein, nicht scheitern, weil seine Natur ihn auf ein löwenhaftes Verhalten festlegt. Innere Instinkte und äußere Einflüsse regeln das Leben der Tiere und Pflanzen.

Der Zweck der Tiere liegt darin, dass sie ihre natürlichen Fähigkeiten ausüben, dass sie sich so verhalten, wie es ihrer Natur entspricht: Der Löwe erfüllt seinen Daseinszweck, indem er sich wie ein Löwe verhält – ein Verhalten, das sich in die übrige Natur harmonisch eingliedert. Wenn es keine Löwen gäbe, die sich wie Löwen verhalten, so gäbe es zu viele Gazellen, die von den afrikanischen Weiden nichts übrig ließen.

2. Der Zweck als Verhaltensregel

Eine Schere ist zum Schneiden da. Ihre ganze Form ist so gestaltet, dass sie diesen Zweck erfüllt: die übereinander liegenden Scherblätter, die Fingeröffnungen, die Schraube, welche die beiden Scherblätter beweglich zusammenhält. Die ganze Schere ist so angeordnet, dass sie schneidet. Eine Schere ist dann eine vollkommene Schere, wenn sie schneidet. Wenn eine Schere nicht schneidet, dann taugt sie nichts; ihre Teile ergeben dann keinen Sinn. Eine Schere, die nicht zum Schneiden verwendet wird, verkümmert sozusagen. Wenn wir sie als Schraubenzieher verwenden, können wir mit ihr vielleicht zwei oder drei Schrauben lockern, aber das wäre mit einem wirklichen Schraubenzieher leichter gegangen, und außerdem ruinieren wir so die Schere: Ihre Blätter werden stumpf und schartig, und womöglich verletzen wir uns noch dabei.

Ein Auto dient dazu, Personen auf normalen Straßen zu befördern. Die Struktur eines gewöhnlichen Autos ist ganz auf diesen Zweck hingeordnet. Ein gewöhnlicher Wagen besitzt keine Einzelradaufhängung und keinen Allradantrieb wie ein Jeep, weil ein gewöhnlicher Wagen nicht dazu da ist, Soldaten über sumpfige Wege zu transportieren. Sein Motor braucht Benzin und Öl, keine Zitronenlimonade, und von Zeit zu Zeit muss er kontrolliert werden. Solche Wartungen, die bei einem normalen Auto anfallen, sind nun weder für den Fahrer noch für das Auto etwas Außergewöhnliches; denn nur so bleibt das Auto funktionstüchtig. All das ist nötig, damit das Auto seinen Zweck erfüllen kann. Könnte ein Auto reden und würde es zu uns sagen: »Ich will Zitronenlimonade und kein Benzin!«, dann wären wir nicht nur sehr erstaunt, sondern müssten ihm auch erklären, dass es mit 40 Litern Zitronenlimonade im Tank gar nicht anspringen würde. Und wenn das Auto sich damit nicht zufrieden gäbe und weiter an seiner Forderung nach Zitronenlimonade statt Benzin festhielte, dann würden wir daraus schließen, dass unser sprechendes Auto völlig verrückt geworden ist. Ein Ferrari, genauso wie ein Fiat, braucht Benzin, und ohne Benzin kann er niemals ein gutes Auto sein. Wenn wir in den Urlaub fahren wollen und die

Wahl haben zwischen einem Ferrari, der nie anspringt, und einem funktionierenden Fiat, dann werden wir auf den Ferrari gerne verzichten.

Alles vom Menschen Hergestellte (außer vielleicht den Kunstwerken) dient einem bestimmten Zweck: Die Schere ist zum Schneiden da und das Auto zur Personenbeförderung. Auch die natürlichen Gegenstände und Lebewesen haben, wie wir sehen konnten, einen Zweck. Während jedoch die Tiere notwendig ihren Zweck erfüllen – sie fragen nicht einmal danach, ob sie ihn erfüllen sollen oder nicht –, ist der Mensch frei. Seine Natur und sein Verhalten entsprechen einander nicht immer. Der Mensch ist frei, sein Verhalten mit seiner Natur in Einklang zu bringen; aber er hat es auch in der Hand, seiner Natur zuwiderzuhandeln. Während es für einen Löwen genügt, seinen Instinkten zu folgen, um voll und ganz ein Löwe zu sein, muss der Mensch sich erst noch dazu entscheiden, voll und ganz ein Mensch zu werden.

Die Bären paaren sich dann, wenn sie sich paaren sollen. Ihr Instinkt legt sie notwendig darauf fest, ihre Art zu erhalten; und das sollen sie auch tun. Im Gegensatz dazu ist der Mensch in seinem Verhalten nicht durch Instinkte festgelegt. Er ist zwar auch ein Tier, aber ein ganz besonderes. In seiner Natur ist noch etwas anderes angelegt: nämlich die Vernunft; und deshalb kann der Mensch seine Natur nicht vollständig entfalten, wenn er nur seinen Instinkten folgt. Für den Menschen ist es nicht natürlich, dass er sich paart, sobald ihn sein Instinkt dazu drängt: Die menschliche Natur verlangt für seine Jungen eine besondere Pflege, die nur in einer Familie möglich ist.

Der Mensch ist von Natur aus ein vernunftbegabtes Lebewesen. Alles, was der Mensch tut oder lässt, das tut oder lässt er als ein mit Vernunft ausgestattetes Lebewesen. Deswegen heißt es in Mexiko: »Kleine Kinder essen mit den Augen, große Kinder mit dem Magen, Erwachsene mit dem Kopf«; in einem Restaurant bestellt ein kleines Kind das, was am leckersten aussieht, und ein Jugendlicher das, was ihm am besten schmeckt; ein Erwachsener aber wählt etwas, das sowohl seinem Geschmack als auch seinen natürlichen Bedürfnissen entgegenkommt. Für einen reifen Menschen ist es natürlich, dass er sich vernünftig verhält – wie es eben seiner Natur als eines vernunftbegabten Lebewesens entspricht. Wer beispielsweise Drogen nimmt, respektiert diese natürliche Ordnung nicht. Er tötet für eine gewisse Zeit das Vernünftige in sich ab; er folgt nicht seiner Natur. Um eines Vergnügens willen oder um eine Laune zu befriedigen, opfert er seine menschliche Natur. Er verhält sich unvernünftig, und das bedeutet: Er ist bei seiner Aufgabe, Mensch zu sein, gescheitert – zumindest vorläufig.

Ein anderes Beispiel ist die Sprache. Die natürliche Funktion der Sprache ist die Verständigung. Eine Sprache, mit der man sich nicht verständigen kann, ist eigentlich überhaupt keine Sprache. Sich zu verständigen heißt, anderen seine eigenen Gedanken und Gefühle mitzuteilen. Deswegen ist das Lügen eine gegen die Natur gerichtete Handlung. Die Lüge fügt der Natur der Sprache einen Schaden zu. Denn wenn wir alle lügen, wird die Verständigung unmöglich. Der Mensch ist von Natur aus auf Verständigung mit anderen angewiesen; deshalb kann die Lüge kein ethisches Gebot sein. Normal und natürlich ist, dass unsere Sprache der Verständigung dient.

Der Mensch kann seine Natur missbrauchen und sich unvernünftig verhalten. Die Folge ist ein gestörtes Verhältnis zwischen seinem Handeln und seiner Natur. Der Kater nach einer durchzechten Nacht ist ein körperliches Anzeichen dafür, dass man eine natürliche Ordnung durchbrochen hat. Die Ameisen hingegen haben noch nie gegen ihre Natur gehandelt: Es ist ausgeschlossen, dass sie der Ordnung in ihrem Organismus oder in ihrer Gemeinschaft jemals zuwiderhandeln; denn ihre Instinkte führen sie immer auf den richtigen Weg.

3. Die Natur und das Gute

In der Natur, haben wir gesagt, gibt es eine Ordnung. Diese natürliche Ordnung ergibt sich aus den verschiedenen Zwecken, zu denen alle Dinge da sind. Gibt es Zwecke, so gibt es auch eine Ordnung. Wenn etwas den Zweck erfüllt, zu dem es da ist, dann ist es in vollkommener Weise das, was es ist. Sich vollkommen zu machen – sich voll und ganz zu dem machen, was man ist –, heißt also, die natürliche Ordnung zu respektieren. Die Lebewesen (mit Ausnahme des Menschen) und die unbelebten Gegenstände respektieren von Natur aus diese Ordnung.

Dieses Seinen-Zweck-Erfüllen nennen wir »das Gute«. Wir nennen eine Schere gut, wenn sie ihren Zweck erfüllt und schneidet. Ein Auto ist ein gutes Auto, wenn alle seine Teile einwandfrei funktionieren und das Auto seinen Zweck erfüllt, Personen zu befördern. Ein Jagdhund ist ein guter Jagdhund, wenn er auf Befehl des Jägers Hasen verfolgen und stellen kann; ein Jagdhund ist dann kein guter Jagdhund, wenn er sich von einem Kaninchen erschrecken lässt. Ein Mensch ist ein guter Mensch, wenn er sich wie ein vernunftbegabtes Lebewesen verhält.

Die Ethik hängt somit davon ab, wofür wir den Menschen halten. Sie hängt von unserem Menschenbild ab. Wenn der Mensch von Natur aus kein soziales Wesen wäre, dann würde er nur am Rande der Gesellschaft voll und ganz Mensch sein können. Wenn der Mensch nur dazu da wäre, sich fortzupflanzen, dann wäre der vollkommene Mensch einer, der seine Sexualfunktion ausübt.

Wir gehen davon aus, dass der Mensch von Natur aus ein vernunftbegabtes Lebewesen ist. Im folgenden Kapitel werden wir genauer untersuchen, worin das für den Menschen Gute besteht, worin also der Mensch seine Erfüllung findet.

4. Natur und Freiheit

Wie wir gesehen haben, gelangen die Tiere notwendigerweise zur Erfüllung ihres Tierseins. Sie entscheiden sich nicht dafür, voll und ganz das zu werden, was sie sind. Ihre Instinkte drängen sie einfach dazu. Anders der Mensch: Er muss sich dazu entscheiden, voll und ganz Mensch zu werden. Ob ich mich zu einem vollkommenen Menschen machen will, ist die große Entscheidung meines Lebens. Denn der Mensch wird nicht als fertiger Mensch geboren, sondern muss sich erst dazu machen: Der Mensch ist eine Aufgabe. Was sein Menschsein angeht, ist der Mensch zwar von der Empfängnis an Mensch; was aber seine persönliche Erfüllung angeht, so ist der Mensch eigentlich nie fertig: Er bleibt immer eine unvollendete Aufgabe, ein unabgeschlossenes Projekt.

Der Mensch trifft frei die Entscheidung, ob er im Einklang mit seiner eigenen Natur leben will oder nicht. Er *soll* sich wie ein vernünftiges Lebewesen verhalten, aber er kann auch anders. Wir können an unserer Aufgabe, Mensch zu sein, auch scheitern. Wer gegen seine menschliche Natur verstößt, erniedrigt sich selbst, bringt sich um seine Freiheit.

Zur Diskussion:

1. Was glaubst du: Hat die Zerstörung des ökologischen Gleichgewichts der Menschheit gezeigt, dass es eine natürliche Ordnung gibt, die wir zu achten haben?

2. Warum sind deiner Meinung nach bestimmte unnatürliche Verhaltensweisen wie der Drogenkonsum bei den Menschen so verbreitet?

3. Weshalb glauben die meisten, dass die Ethik nur aus Verboten und Beschränkungen besteht? Wie würdest du es anstellen, deine Freunde davon zu überzeugen, dass die Ethik etwas Positives ist?

Fünftes Kapitel

Ethik als Anleitung zum Glücklichsein

Wir haben gesagt, dass die Erfüllung (die »Vollkommenheit«) eines Dinges oder eines Lebewesens darin besteht, dass es seiner jeweiligen Natur entspricht. Die Erfüllung des Schereseins ist das Schneiden, so wie die Erfüllung des Schäferhundseins das Hüten von Schafen ist.

1. Die Erfüllung des Menschseins

Wie gelangt der Mensch zu seiner Erfüllung? Im zweiten Teil unseres Buches findest du die Antworten einer ganzen Reihe von Philosophen auf diese Frage. Wir wollen auch eine Antwort versuchen. Dabei gehen wir von einer, wie uns scheint, offensichtlichen Tatsache aus: Der Mensch ist ein vernunftbegabtes Lebewesen, ein vernunftbegabtes Tier. Zum Menschen gehört etwas Animalisches: Instinkte, Organe, Wachsen und Sterben, körperliche Bedürfnisse und so weiter. Doch der Mensch unterscheidet sich von allen übrigen Lebewesen durch zwei eigenartige Fähigkeiten: Er denkt nach und wählt mit freiem Willen.

Der ganze Körper des Menschen ist auf seine Vernünftigkeit hin geordnet. Die Struktur seines Körpers ist so beschaffen, dass er sich vernünftig verhalten kann. Verglichen mit dem Hasen, dem Pferd, der Gazelle oder dem Adler ist der Mensch ein besonders langsames Tier. Ihm fehlt das Fell, um auch nur eine mittlere Kälte länger aushalten zu können. Er hat keine Klauen oder Stoßzähne, um sich zu verteidigen oder um sich Nahrung zu beschaffen. Seine Jungen – seine Kinder – brauchen eine besonders sorgfältige Pflege, und zwar über Jahre hinweg, im Gegensatz etwa zu einem Fohlen, das wenige Minuten nach seiner Geburt schon auf den eigenen Beinen stehen kann. Und trotz aller dieser Nachteile ist der Mensch allen anderen Lebewesen überlegen. Der Mensch beherrscht die Natur. Er ist langsam, doch kann er ein Pferd zähmen, er kann Fahrzeuge herstellen, die noch viel schneller sind als die schnellsten Tiere, schneller sogar als der Schall. Ihm fehlt das Fell, doch kann er sich Kleider anfertigen und Heizungen bauen. Er hat keine Klauen, doch kann er sich einen Bogen schnitzen und Schwerter schmieden.

Es ist die Vernunft des Menschen, die ihm seine besondere Stellung in der Natur verschafft. Weder seine Sexualität noch seine Beweglichkeit, noch seine Muskelkraft sind für seinen Vorrang vor den übrigen Lebewesen verantwortlich. Hätte der Mensch nur auf das Tierische in ihm gesetzt, dann wäre er ganz gewiss längst ausgestorben. Der Mensch ist auf seine Vernunft angewiesen, um überleben zu können. Die körperlichen Fähigkeiten des Menschen sind die Mittel, die er einsetzt, um seine Vernunft ausüben zu können; sie sind auf seine Vernünftigkeit hin geordnet. Das ist die natürliche Ordnung.

Worin also findet der Mensch seine Erfüllung? In einem vernunftgemäßen Lebensstil; in einem vernünftigen Verhalten.

2. Erfüllung und Glück

Wonach sehnen sich alle Menschen? Die Antwort ist nicht schwierig: Alle Menschen sehnen sich danach, glücklich zu sein. Wo kann man das Glück finden? Wie wird man glücklich? Das ist eine Frage, der wir uns gleich zuwenden wollen. Fürs Erste genügt es aber festzuhalten, dass der Mensch von Natur aus glücklich sein will. Es gibt so etwas wie einen Instinkt – eine natürliche Neigung – zum Glück. Dieser Wunsch nach Glück bestimmt unser Leben so sehr, dass wir es uns nicht einmal vorstellen können, dass ein Mensch gegen seinen Willen glücklich ist. Oder kannst du dir einen Menschen vorstellen, der sich darüber ärgert, wenn er glücklich geworden ist?

Es ist wichtig, diese Neigung zum Glück von bloß vorübergehenden Glückszuständen zu unterscheiden. Das Glück, nach dem sich der Mensch sehnt, ist die Erfüllung seines Menschseins, ist das vollkommene Menschsein – ein Zustand absoluter Zufriedenheit, der nichts mehr zu wünschen übrig lässt. Danach sehnt sich der Mensch wirklich. Das Glück ist nicht bloß ein Wochenende in Venedig, eine rasende Fahrt im Porsche, die schönste Freundin oder der schönste Freund von allen, nicht der größte Reichtum und nicht die grenzenlose Macht. Das Glück, nach dem der Mensch sich sehnt, ist kein vorübergehendes Glück. Es ist uns nicht einmal genug, dass wir fünfhundert Jahre lang der beliebteste und geachtetste Mensch der Erde sind. Das wollen wir schon sein – aber für immer. Das Wissen, dass dieses Glück nach fünfhundert Jahren ein Ende nimmt, würde schon genügen, damit wir uns nicht rundum glücklich fühlten.

3. Das Glück als unser höchstes Ziel

Das höchste Ziel des Menschen ist das Glück. Was auch immer wir tun – vom Zähneputzen angefangen, bis zum Studium für einen Universitätsabschluss –, wir tun es letztlich mit dem Ziel, glücklich zu werden.

Alles, was wir wollen, ist ein Mittel oder Instrument, um glücklich zu werden. In allem, was der Mensch aus freien Stücken tut, geht es ihm letztlich ums Glück – so unbedeutend sein Tun auch erscheinen mag. Natürlich sind dabei bestimmte Handlungen wichtiger als andere: Sich zwischen einem Stück Schinken und einer Schweinshaxe zu entscheiden, das ist nicht dasselbe wie die Entscheidung, ob ich Maria oder lieber Gabriela zur Frau nehme.

Zwei Aspekte unseres natürlichen Wunsches nach Glück müssen besonders hervorgehoben werden:

a) Alle Menschen wollen notwendig glücklich sein. Das bedeutet nicht, dass alle Menschen auch immer glücklich werden. Was wir alle gemeinsam haben, ist die Sehnsucht nach dem Glück. Ob wir jedoch unser Ziel, glücklich zu sein, tatsächlich erreichen, steht auf einem anderen Blatt. Daraus, dass wir alle glücklich sein wollen, folgt ja noch nicht, dass wir auch alle glücklich werden müssen. Die Ethik ist nur die Lehre vom Glück; und sie ist auch eine praktische Anleitung zum Glücklichwerden. Die Ethik ist die Kunst, glücklich zu werden.

b) In allen unseren Handlungen geht es uns letztlich immer um unser Glück; aber deswegen sind wir noch lange keine Egoisten. Das Wort »Egoismus«, so wie wir es gebrauchen, ist verwirrend und mehrdeutig. Streng genommen bedeutet »Egoismus«: das Glück der anderen verhindern, weil man selbst glücklich werden will. Um glücklich zu werden, ist der Egoist bereit, das Glück anderer Menschen zu zerstören. Die natürliche Neigung des Menschen zum Glück allein hat mit Egoismus nichts zu tun; sie ist eine Anlage, die wir alle von Natur aus haben. Wie wir keine Egoisten sind, bloß weil wir Hunger und Durst haben, so sind wir auch keine Egoisten, nur weil wir eine natürliche Sehnsucht nach Glück verspüren.

4. Glück als das höchste Gut

Die Erfüllung eines Dinges oder Lebewesens – so haben wir gesagt – besteht darin, dass es seiner Natur entspricht: dass es den Zweck erfüllt, zu dem es da ist. Ein Rennpferd ist gut, wenn es schnell rennt. Das höchste Gut des Menschen, die Erfüllung seines Menschseins, besteht darin, dass der Mensch den Zweck erfüllt, zu dem er da ist: dass er glücklich wird. Wie wird man glücklich? Indem man voll und ganz Mensch ist; indem man die Fähigkeiten voll entfaltet, durch die sich der Mensch von den Tieren unterscheidet: zu denken und mit freiem Willen zu wählen.

Dass der Mensch seine höheren Anlagen voll entfalten soll, besagt nun nicht, dass er die Anlagen, die er mit den Tieren teilt, völlig vernachlässigen darf: Ohne zu essen und ohne zu schlafen, wird kein Mensch lange denken können. Die Befriedigung unserer materiellen Bedürfnisse ist aber nur ein Mittel zum Glück, noch nicht das Glück selbst; sie ist ein *zweitrangiges Gut*, das Glück dagegen das *höchste Gut*.

Die Befriedigung unserer elementaren körperlichen Bedürfnisse ist die Voraussetzung dafür, dass wir unsere Vernünftigkeit entfalten. Wenn die Befriedigung unserer körperlichen Bedürfnisse dazu beiträgt, dass wir unsere Vernünftigkeit entfalten, dann ist sie ein echtes Gut; wenn sie uns dagegen an einem erfüllten Menschsein hindert, dann ist sie nur ein scheinbares Gut. Um denken und mit freiem Willen wählen zu können, müssen wir essen. Ein Mensch, der nicht isst, klappt früher oder später entkräftet zusammen, und wenn er dann immer noch nichts zu sich nimmt, wird er bald sterben; Tote aber wählen nicht. Der natürliche Zweck der Ernährung ist, dem Körper die Stoffe zuzuführen, ohne die er nicht funktionieren kann. Dieses Bedürfnis zu befriedigen, ist so wichtig, dass die Nahrungsaufnahme in der Regel mit einem angenehmen Gefühl verbunden ist. Wenn die Nahrungsaufnahme etwas Unangenehmes wäre, würden wir nicht ausreichend essen – denken wir nur daran, wie schwer es einem auf Diät gesetzten Kranken fällt, genügend zu essen, um wieder zu Kräften zu kommen; es kostet Überwindung, ein fades Gemüsegericht hinunterzuwürgen. Es ist natürlich, dass die Nahrungsaufnahme von einem angenehmen Gefühl begleitet wird. Dieses angenehme Gefühl ist ein Mittel, das die Ernährung sicherstellt, und die Ernährung ist ihrerseits ein Mittel, das uns ein Leben im Einklang mit der Vernunft ermöglicht.

Nun kann der Mensch aber die natürliche Ordnung verdrehen und sogar auf den Kopf stellen: Er kann sich beim Essen und Trinken nur vom Genuss leiten lassen, statt auf seine natürlichen Bedürfnisse zu achten. Schon in der Antike sagte man: »Wir leben nicht, um zu essen, sondern wir essen, um zu leben.« Ein Mensch, der sich ausschließlich von Fleisch ernährt und gar kein Obst und Gemüse isst, weil es ihm nicht schmeckt, ruiniert seine Gesundheit; er wird schwer krank werden und wegen seiner Krankheit seine Vernünftigkeit nicht mehr voll entfalten können.

Wir haben gesehen: Es gibt eine Hierarchie (Rangfolge) der Güter. Das höchste Gut ist das Glück. Die einzelnen Güter – Gesundheit, Reichtum, Ansehen, Beliebtheit usw. – sind Mittel zum Glück; sie können uns dabei helfen, glücklich zu werden. In der Rangfolge der Güter stehen die einzelnen Güter unter dem höchsten Gut, dem Glück; sie sind wie Leitersprossen, die uns den Aufstieg zum Glück ermöglichen.

Im Folgenden wollen wir uns zwei Güter, die leicht mit dem Glück verwechselt werden können, genauer ansehen.

5. Das Nützliche

Unter dem Nützlichen verstehen wir Güter wie das Geld, das Eigentum, die Fähigkeit zu geschicktem Verhandeln, die Reichtümer ganz allgemein. Im Gegensatz zu einer weit verbreiteten Meinung ist es sehr einfach zu zeigen, dass solche Reichtümer noch nicht das Glück ausmachen. Denn worauf es bei Geld und Besitz ankommt, ist, dass wir den Reichtum auch genießen. Oder wem von uns würde es wohl gerne so ergehen wie dem Millionär aus Texas, der Yachten, Flugzeuge und riesige Ranchen besitzt, aber gelähmt im Bett des teuersten Krankenhauses liegt? Worauf es also bei den nützlichen Gütern ankommt, ist nicht, dass wir sie bloß besitzen, sondern dass wir sie auch gebrauchen.

»Nützlich« ist etwas dann, wenn es zu etwas gut ist. Viel Geld zum Beispiel ist sehr nützlich, weil man sich damit einen guten Arzt leisten, in einem guten Restaurant einkehren und in die Karibik reisen kann. Wer hinter dem Geld her ist, dem geht es gewöhnlich um das Vergnügen, das er sich mit dem Geld verschaffen kann. Mit den Reichtümern können wir einen Teil unserer Bedürfnisse befriedigen (Kleidung, Essen, Wohnung). Wir wünschen uns die Reichtümer normalerweise nicht um ihrer selbst willen, sondern deswegen, weil wir mit ihnen andere Wünsche und Bedürfnisse befriedigen können.

Die eigentliche Frage lautet daher nicht, ob Geld und Besitz das Glück sind; die eigentliche Frage lautet, ob die Lust, die sie uns verschaffen, dasselbe ist wie das Glück.

6. Das Angenehme

Lust ist ein Zustand der Zufriedenheit. Wir sprechen hier von Lust in einem weiten Sinne, der körperliche und »geistige« Lust umfasst. Es scheint, als wünschen wir den genussvollen Augenblick um seiner selbst willen, als ein höchstes Ziel. Einen guten Wein zu kosten ist etwas, das uns unabhängig von seinem Nährwert mit Zufriedenheit erfüllt, etwas an sich Gutes. Ein Jazzkonzert anzuhören erfreut uns *an sich*, ganz unabhängig von dem Bildungseffekt, den es daneben haben mag. Und weil das so ist, stellt man sich unter dem Glück für gewöhnlich einen Zustand absoluter und andauernder Lust vor.

Aber es ist gerade das nur Vorübergehende der Lust, das sie vom wahren Glück unterscheidet. Alles, was dem Menschen Lust verschafft, tut dies nur vorübergehend. Das Lustgefühl geht schneller vorüber, als wir wünschen, und viele Arten der Lust übersättigen uns leicht, langweilen uns und verlieren ihren Reiz. Das Wochenende ist schneller vorbei, als wir uns das wünschen. Eine Riesentafel Schweizer

Schokolade zu verspeisen ist ein außergewöhnliches Vergnügen; von drei Riesentafeln wird uns schlecht. Wer in der Lust das höchste Gut und letzte Ziel sieht, wird damit nicht glücklich werden: Er braucht immer neue Reize, hat immer Angst, dass seine Lust allzu schnell vorübergehen könnte, und ist nie wirklich zufrieden. Leiden wir nicht am Sonntagabend schon daran, dass wir am nächsten Tag wieder früh aufstehen müssen? Wenn wir über längere Zeit unser Vergnügen im Alkoholrausch gesucht haben, kommt irgendwann der Moment, da der Alkohol nicht mehr reicht; dann greifen viele zu Drogen, um etwas Neues zu erleben, was aber seinerseits nur neue Ängste und Schmerzen erzeugt.

Wenn wir meinen, dass sich unsere natürliche Sehnsucht nach unendlichem Glück durch viele vergängliche Lustgefühle befriedigen lässt, dann wird unser natürlicher Wunsch nach Glück gerade enttäuscht. Er lässt sich auch durch noch so viele und intensive Lustgefühle nicht befriedigen. Das Einzige, was den Menschen wirklich glücklich macht, ist die volle Entfaltung seiner besten und wertvollsten Anlagen, nämlich des Denkens und des Wählens mit freiem Willen. Wenn er mit seinem Denken das Höchste erkennt, was er überhaupt erkennen kann, und seinen Willen auf das richtet, was am meisten verdient, geliebt zu werden, dann ist er Mensch im vollen Sinne des Wortes und wirklich glücklich.

Zur Diskussion:

1. Denk einmal darüber nach, welche Vorstellungen von Glück uns die Massenmedien vermitteln. Worin besteht für die Medien das Glück? Wie gelangt man ihnen zufolge zum Glück? Woran kannst du ablesen, dass sie so denken? Bist du einverstanden?

2. *Sieh dir den Film* Stand and Deliver *(USA 1987) an. Glaubst du, dass sich Glück und Egoismus miteinander vereinbaren lassen? Was meinst du: Kann man glücklich werden, indem man sich für andere einsetzt? Lässt sich unser natürliches Streben nach Glück mit Nächstenliebe und Verzicht vereinbaren?*

3. *Wie würdest du einem Bekannten, der nie ein Buch in die Hand nimmt, erklären, was die Ethik mit dem Glück zu tun hat?*

Sechstes Kapitel

Natur und Freiheit – der Weg zum Glück

In den beiden vorangehenden Kapiteln haben wir gesehen, wie die Erfüllung des Menschseins in der Verwirklichung der menschlichen Natur besteht – darin, dass der Mensch seinen natürlichen Zweck erfüllt. Der Mensch kann nur dann glücklich werden, wenn er voll und ganz Mensch geworden ist, wenn er seine wertvollsten Fähigkeiten, die ihn erst zum Menschen machen, voll entfaltet.

Wir haben auch gesehen, dass die Tiere ihren natürlichen Zweck ganz unwillkürlich erfüllen – einfach dadurch, dass sie einem Instinkt folgen, der ihr Verhalten festlegt. Das Verhalten der Tiere wird von zwei Faktoren bestimmt:

a) von den in ihrer Natur verankerten Gesetzen und Instinkten, durch die sie den Verhaltensmustern folgen, die ihrer Art am besten entsprechen;
b) von äußeren Reizen, die diese Instinkte wecken (so wie etwa ein Bärenweibchen den Sexualtrieb eines brünstigen Bärenmännchens entfacht).

Wenn wir sagen, dass der Mensch frei ist, so wollen wir damit nicht bestreiten, dass diese beiden Faktoren – Reize und Instinkte – auch unser menschliches Verhalten beeinflussen. Auch der Mensch verfügt über Instinkte und reagiert auf Reize. Wenn wir an eine heiße Herdplatte fassen, ziehen wir instinktiv unsere Hand zurück. In einem gewissen Sinne ist unsere Reaktion dabei dieselbe wie die des Tieres. Sowohl ein Hund als auch ein Mensch zucken unwillkürlich zurück, wenn sie an eine heiße Herdplatte geraten.

Der Unterschied ist, dass beim Menschen zu den Reizen und Instinkten die Fähigkeit hinzukommt, seine Instinkte zu beherrschen. Ein Zuckerkranker kann sich die schmerzhafte Insulinspritze selbst verabreichen. Er lässt sich nicht nur von seiner Neigung zum Angenehmen leiten. Dank seiner Vernunft beherrscht der Zuckerkranke seine instinktive Furcht vor dem Schmerz. Er vermag sich den mit der Spritze verbundenen Schmerz selbst zuzufügen, weil er weiß, dass das Insulin den Zuckergehalt seines Blutes niedrig hält und er ohne Insulinspritzen nicht überleben kann.

1. Die Triebe

Von Trieben und Leidenschaften spricht man, wenn sich unsere körperlichen Bedürfnisse bemerkbar machen. Sie zielen immer auf einen Gegenstand – oder Zustand –, der irgendwelche sinnlichen Bedürfnisse befriedigt: auf ein Schokoladeneis oder ein Sonnenbad am Strand. Die Triebe richten sich immer auf etwas Angenehmes: auf Essen, Trinken, Ruhe, Entspannung oder Sex; und sie bewirken, dass wir das Unangenehme meiden: einen bitteren Geschmack, eisige Kälte, die mühsame Vorbereitung auf eine Prüfung. Sowohl die Menschen als auch die Tiere verspüren solche Triebe, und beide werden von sinnlichen Trieben zum Handeln gedrängt. Beide neigen von Natur aus zum Angenehmen und meiden das Unangenehme; beide neigen zur Lust und meiden den Schmerz.

Zu den menschlichen Trieben wollen wir vier wichtige Dinge anmerken:

a) Die Tiere werden in ihrem Verhalten ausschließlich von Trieben und den sie auslösenden Reizen gelenkt. Wie wir schon gesehen haben, gelangen die Tiere gerade dank ihrer triebhaften Steuerung zur Erfüllung ihres Tierseins. Nur dank ihrer Instinkte können sie überleben und ihre Art erhalten. Anders verhält es sich beim Menschen: Sein Verhalten ist nicht völlig triebgesteuert. Der Mensch ist von Natur aus ein vernunftbegabtes Lebewesen. Das bedeutet, dass er die Fähigkeit besitzt, seine sinnlichen Triebe mit der

Vernunft zu lenken. Der Mensch kann seine Triebe beherrschen; das Tier wird von seinen Trieben beherrscht.

Die Triebe sind ihrem Wesen nach körperliche Phänomene, und deshalb ist es nicht Sache der Ethik, sie zu untersuchen, sondern der Psychologie und Physiologie. Weil die Triebe sinnliche Regungen sind, müssen sie organisch erklärt werden. Kommt ein triebhafter Instinkt – etwa der Selbsterhaltungstrieb – mit einem äußeren Reiz – etwa einer saftigen Pizza – zusammen, dann weckt das unsere Leidenschaft für das Objekt der Begierde (die saftige Pizza). Die Instinkte haben eine organische Basis, das heißt eine körperliche Grundlage. So verspürt ein kleines Kind, dessen Geschlechtsorgane noch nicht entwickelt sind, noch keinen eigentlichen Fortpflanzungstrieb, ebenso wenig wie ein Hundewelpe oder die Raupe eines Schmetterlings. Der Fortpflanzungstrieb setzt eine körperliche Entwicklung voraus, die weder das Baby noch der Hundewelpe, noch die Raupe eines Schmetterlings schon erreicht haben.

b) Wenn wir Triebe in uns verspüren und Leidenschaften ausgesetzt sind, ist das an sich nichts Schlechtes, genauso wenig wie es schlecht ist, dass wir Arme und Beine haben. Triebe und Leidenschaften sind Teil der menschlichen Natur. Weil der Mensch frei ist, kann er seine Triebe und Leidenschaften aber beherrschen; und ebenso kann er sich von ihnen beherrschen lassen. Der Mensch kann sich so verhalten, als besäße er gar keine Vernunft, und sich von seinen Trieben und Leidenschaften hinreißen lassen. Während ein solches Verhalten bei einem Tier gut ist, weil es seiner Natur entspricht, ist es beim Menschen schlecht, weil es seiner Natur zuwiderläuft. Die natürliche Ordnung beim Menschen besteht darin, dass er die Triebe und Leidenschaften seiner Vernunft unterordnet.

Ein von seinen Trieben beherrschter Mensch ist ein Mensch, der lebt wie ein Tier. Ein Mensch, der lebt wie ein Tier, ist ein Mensch, der von seiner Freiheit und Vernunft – durch die er erst zum Menschen wird – keinen Gebrauch macht. Ein von seinen Trieben beherrschter Mensch ist im Grunde genommen genauso ein Widerspruch wie ein Hund, der sich wie eine Katze aufführt – mit dem Unterschied, dass ein Tier, da ihm die Freiheit fehlt, sich gar nicht anders aufführen kann als das, was es von Natur aus ist. Kein Hund führt sich so auf wie eine Katze, weil seine Instinkte es gar nicht zulassen. Im Gegensatz dazu ist es keine Seltenheit, dass sich Menschen wie Tiere benehmen.

c) Triebe und Leidenschaften spielen beim Zustandekommen der menschlichen Handlungen eine wichtige Rolle. Um zu klären, wie sich ein Mensch verhalten soll, muss man die Triebe und Leidenschaften mit einbeziehen. Das ethisch richtige Verhalten verlangt von uns nicht, dass wir jede Triebregung in uns völlig unterdrücken. Jede Triebregung in sich unterdrücken zu wollen, wäre genauso unmenschlich, wie sich von seinen Trieben beherrschen zu lassen. Der Mensch ist ein Vernunftwesen, richtig; aber er bleibt dabei ein Lebewesen – ein Tier –, nur eben ein vernunftbegabtes. Die Kunst der Ethik besteht darin zu wissen, wie wir unsere Triebe und Leidenschaften in die richtige Richtung lenken, so dass sie uns ein ethisch korrektes Verhalten erleichtern. Diese Kunst, die Triebe und Leidenschaften in die richtige Richtung zu lenken, hat zwei Seiten:

aa) Das Wissen darum, wie man sie hervorruft, um gute Handlungen anderen schmackhaft zu machen – wie wenn die Mutter das Gemüse so zubereitet, dass es den Appetit der Kinder weckt, oder wenn ein geschickter Lehrer seinen Schülern unterhaltsame Geschichten erzählt, damit sie ihm zuhören, oder wenn ein Firmenchef in den Büros seiner Angestellten Grünpflanzen aufstellen lässt, um ihnen die Arbeit angenehmer zu machen.

bb) Das Wissen darum, wie man die Triebe und Leidenschaften abschwächt oder ganz vermeidet, wenn sie einem ethisch richtigen Verhalten im Weg stehen. Ein kluger Diabetiker betritt erst gar nicht die Konditorei, um dort die Torten und Pralinen zu bewundern, die er nicht essen darf.

Und ein Student, der sich auf eine Prüfung vorbereiten muss, geht mit seinen Büchern nicht an den Strand, weil er weiß, dass man im warmen Sand und in der prallen Sonne zwar gut abschalten und schön braun werden kann, dass es sich dort aber nicht besonders gut lernen lässt. Um seine Aufgabe erfüllen zu können, müsste er im Gegenteil seine natürliche Neigung zum Nichtstun irgendwie bekämpfen.

d) Dass eine Handlung Vergnügen bereitet oder aber Anstrengung kostet, hat nichts mit ihrem moralischen Wert zu tun. Eine Handlung ist nicht deswegen gut oder schlecht, weil ich Lust dazu habe oder weil ich keine Lust dazu habe, weil sie mir passt oder nicht, weil sie »geil« ist oder »ungeil«. Dass eine Handlung ethisch richtig ist oder nicht, erkennen wir nicht an den mit ihr verbundenen Gefühlen; ob eine Handlung ethisch richtig ist, entscheidet sich vielmehr daran, ob sie der menschlichen Natur entspricht. Wenn es mich anekelt, einem Kranken zu helfen, wenn ich überhaupt keine Lust dazu habe, so bedeutet das noch lange nicht, dass ich eine schlechte Tat vollbringe. Natürlich ist es nicht besonders angenehm, wenn ich das Bett eines Schwerkranken von seinen Exkrementen reinige; aber dass dies eine gute Tat ist, bedeutet eben nicht unbedingt, dass ich Vergnügen daran finde, und liegt auch nicht daran, dass ich mich nachher irgendwie »besser fühle«. Dass es eine gute Tat ist, liegt daran, dass ich mich wie ein Mensch verhalten habe: Ich habe vernünftig gehandelt, indem ich mich entschieden habe, einem Mitmenschen zu helfen; denn der Mensch ist von Natur aus ein soziales Wesen.

Das zeigt aber umgekehrt auch, dass eine Handlung, die mit einem guten Gefühl oder einer angenehmen Empfindung verbunden ist, deswegen keineswegs schlecht sein muss. Wenn wir lecker zubereitete Tacos essen und dazu ein kühles Bier trinken, so haben wir dabei eine angenehme Empfindung; Tacos mit Bier zu genießen, ist aber nichts Schlechtes. Schlecht wäre es erst, wenn wir mehr Tacos essen, als uns bekommt. Dann wollen wir mehr Genuss, als für uns gut ist. Bei den Römern gab es Schlemmer, die bei sich künstlich das Erbrechen herbeiführten, um sich an noch mehr erlesenen Speisen laben zu können; das ist aber nicht mehr der Sinn und Zweck des angenehmen Gefühls, der mit dem Essen verbunden ist, sondern das Gegenteil davon. Moralisch bedenklich ist dabei, dass es sich um ein unvernünftiges Verhalten handelt: Es ist unvernünftig, sich von seiner Leidenschaft für Tacos oder erlesene Speisen völlig unkontrolliert mitreißen zu lassen.

2. Selbstbeherrschung durch Haltungen

Wir haben gesehen, dass beim Zustandekommen einer menschlichen Handlung zwei Dinge ausschlaggebend sind: auf der einen Seite die Triebe und Leidenschaften, auf der anderen Seite die Vernunft. Ein Mensch, der seine menschlichen Anlagen voll entfaltet hat, ist Herr seiner Triebe und Leidenschaften; er lenkt und ordnet sie. Wir alle wissen aus eigener Erfahrung, dass das keine leichte Aufgabe ist. Unsere Triebe geraten schnell außer Kontrolle und machen den Menschen zum Spielball seiner Leidenschaften. Sich von seinen Leidenschaften mitreißen zu lassen, bedarf keiner besonderen Anstrengung. Die große Herausforderung des ethischen Lebens ist der innere Kampf mit sich selbst, das Beherrschen der eigenen Triebe: An einem kalten Wintertag um halb sieben aufzustehen, um pünktlich mit dem Bus zur Schule oder zur Arbeit zu kommen, ist eine wahre Heldentat; analytische Geometrie zu lernen, fällt um einiges schwerer, als fernzusehen; ins Kino zu gehen, macht mehr Spaß, als sein Zimmer aufzuräumen. Wer ganz und gar von seinen Trieben beherrscht wird, kommt nie aus dem Bett, lernt nicht und hängt betrunken in einem dreckigen Zimmer herum. Die Menschen dagegen, die sich etwas vornehmen und ihre Ziele erreichen, folgen nicht ununterbrochen ihren Trieben, weil sie es gelernt haben, sich zu beherrschen und zu überwinden.

Es gibt jedoch eine Möglichkeit, diesen inneren Kampf mit sich selbst weniger anstrengend und sogar angenehm zu gestalten: nämlich dadurch, dass man sich *Haltungen* erwirbt.

Haltungen sind verfestigte Neigungen des Willens und des Verstandes; man erwirbt sie, indem man an sich selbst arbeitet.

a) Es sind *erworbene* Eigenschaften oder Neigungen, weil wir nicht von Geburt an über sie verfügen; es sind keine angeborenen Eigenschaften. Wir haben schon gesagt, dass der Mensch nicht als fertiger Mensch geboren wird, sondern dass er sich erst zu einem Menschen im vollen Sinne des Wortes machen muss. Er ist ein vernunftbegabtes Lebewesen, und das bedeutet: Seine Natur ist so beschaffen, dass sie sich erst im Laufe seines Lebens voll herausbildet. Der Mensch ist eine Art Rohdiamant, der sich durch eigene Handlungen selbst schleift oder aber zerbirst. Der Mensch macht sich durch seine eigenen Handlungen zu dem, was er ist. Das ist natürlich nicht so zu verstehen, als ob der Mensch seine menschliche Natur erst durch seine eigenen Handlungen erwerben würde. Was er durch seine Handlungen erwirbt, ist sein Charakter, seine Persönlichkeit: Ein Schüler, der regelmäßig seine Hausaufgaben erledigt, *macht sich* dadurch zu einem verantwortungsbewussten Schüler. Ein Lehrer, der immer zu spät zum Unterricht kommt, *macht sich* zu einem faulen Lehrer. Ein junger Mensch, der in allem dem Diktat der Mode folgt, verliert seine Kritikfähigkeit und Kreativität; er *macht sich* zu einem bloßen Mitläufer. Ein Mensch, der sich aus den Modeerscheinungen immer nur die auswählt, die zu ihm passen, entwickelt seinen eigenen Stil; er *macht sich* zu einem authentischen Menschen.

Eine Haltung erwirbt man sich durch das ständige und bewusste Wiederholen von Handlungen. Das Sprichwort »Eine Schwalbe macht noch keinen Sommer« sagt es schon: Dadurch, dass wir einmal eine ganze Nacht lang für eine wichtige Prüfung gelernt haben, werden wir noch nicht zu gewissenhaften Studenten. Damit wir gewissenhafte Studenten werden, müssen wir immer und immer wieder lernen.

b) Haltungen sind *verfestigte* Neigungen, weil sie dazu führen, dass wir uns regelmäßig in einer bestimmten Weise verhalten. Wenn wir uns einmal angewöhnt haben, nüchtern zu bleiben, wird es nicht so leicht vorkommen, dass wir uns betrinken. Einem Abiturienten, der sich aus Gewohnheit verantwortungsbewusst verhält, wird es weniger schwer fallen, sein Universitätsstudium in der dafür vorgesehenen Zeit zu beenden. Deswegen nennt man die Haltungen eine Art »zweite Natur« des Menschen, und darum ist es auch so schwer, eine echte Haltung wieder abzulegen. Die Haltungen sind buchstäblich in der Natur verwurzelt. Hat ein Mensch erst einmal eine bestimmte Haltung erworben, so verhält er sich in der Regel dieser Haltung entsprechend. Ein Geiger, der die Haltung – die Fertigkeit – hat, gut Geige zu spielen, wird kaum einmal schlecht spielen. Ein aus Haltung verantwortungsbewusster Student wird es selten versäumen, eine Hausarbeit einzureichen.

c) Haltungen sind verfestigte Neigungen, die man *sich selbst erarbeitet*. Niemand von uns hat sich frei dafür entschieden, eine menschliche Natur zu besitzen; aber wir entscheiden uns dafür, durch welche Haltungen wir unserer menschlichen Natur welche Form geben. Niemand macht sich zu einem Menschen; aber wir können uns zu großzügigen oder zu geizigen Menschen machen. Niemand entscheidet sich frei dafür, dass er ein vernunftbegabtes Lebewesen ist; aber wir können uns schon dafür entscheiden, ob wir es uns zur Haltung machen, wie Mutter Teresa von Kalkutta für hilflose Menschen zu sorgen oder aber möglichst viel Geld für ein luxuriöses Leben anzuhäufen. Die Menschen haben sich nicht dafür entschieden, dass sie Augen und einen Magen haben; sie haben sich aber dafür entschieden, diese oder jene Haltung zu besitzen, ein Vielfraß zu sein oder maßvoll zu essen.

3. Tugend und Selbstbesitz

Die Haltungen, die ein vernünftiges Leben und ein erfülltes Menschsein ermöglichen, heißen *Tugenden*; die Haltungen, die den Menschen erniedrigen, heißen *Laster*. Durch die Tugenden ergreift der Mensch von sich selbst Besitz; er bildet sich eine zweite Natur, eine neue Seinsweise, und macht sich so zum Herrn über sich selbst. Die Tugenden sind nichts Lästiges, wie man manchmal hört. In vielen Filmen ist der Tugendhafte der Dumme, der Verbitterte oder der Frustrierte. Das ist so aber nicht richtig. Die wahren Tugenden machen den Menschen erst wirklich menschlich. Die wahren Tugenden machen den Menschen zum Herrn über seine Handlungen. Ein tugendhafter Mensch kann in einem volleren Maße genießen und sich vergnügen. Er ist weniger den Launen des Schicksals ausgesetzt, und wenn die anderen ihm etwas anhaben wollen, macht ihm das weniger aus.

Die echten Tugenden erleichtern das ethische Verhalten. Wenn man einmal eine solche Haltung fest erworben hat, verbinden sich die guten Handlungen mit einem angenehmen Gefühl oder kosten einen zumindest weniger Anstrengung. Nehmen wir ein ganz einfaches Beispiel. Ein Mensch, der sagt: »Ich bin wirklich frei, weil ich mich betrinke, wann immer ich Lust dazu habe«, wird im Alkoholismus enden; er verliert seine Freiheit dem Alkohol gegenüber und wird von ihm abhängig. Was mit dem Vergnügen des Alkoholrauschs anfing, verwandelt sich in eine lange Abfolge von Unglücksschlägen: Die körperliche und geistige Gesundheit verschlechtert sich, man leidet und fügt geliebten Menschen viel Leid zu. Ein Mensch dagegen, der über die Tugend der Nüchternheit verfügt, hat viel mehr Freude an alkoholischen Getränken, weil er nicht auf sie angewiesen ist. Er leidet nicht, wenn er einmal einen Tag lang nichts trinkt; der Alkoholiker aber leidet, sobald der Alkoholpegel in seinem Blut unter einen bestimmten Wert absinkt.

Ein anderes Beispiel: Ein arbeitsamer Mensch hat Spaß an seiner Arbeit, auch wenn sie ihm manchmal – das ist nur natürlich – mühsam erscheint. Die Zeit von Montag bis Freitag ist für ihn keine Qual. Für einen nicht arbeitsamen Menschen ist die Zeit von Montag bis Freitag die Hölle – ein hoher Preis für zwei kurze Tage der Erholung, die er obendrein kaum genießen kann, weil immer schon wieder der schreckliche Montag vor der Tür steht.

4. Die vielen Wege der Tugend

Wenn die Erfüllung des Menschseins darin besteht, dass wir uns unserer Natur entsprechend verhalten, was heißt, dass wir vernünftig handeln, so folgt daraus nicht, dass alle ethischen Menschen einander gleichen müssen. Ein tugendhaftes Leben ist kein einförmiges Leben. Alle Menschen sollen ein tugendhaftes Leben führen, aber es gibt unzählig viele verschiedene Weisen, wie man tugendhaft sein kann. Wenn auch Mutter Teresa ein Vorbild an Tugend war, müssen wir nicht alle die Leprakranken in Kalkutta pflegen, um tugendhafte Menschen zu werden. Die Tugend der Nüchternheit schränkt den Alkoholkonsum ein, aber ein Busfahrer, der acht Stunden am Steuer sitzen muss, wird die Nüchternheit anders leben als ein Abiturient, der gerade seinen Schulabschluss feiert.

Der Grund dafür ist, dass die Tugend in der goldenen Mitte liegt, dass die goldene Mitte aber nicht für alle dieselbe ist. Es ist nicht dasselbe, ob ein zwei Meter langer Dreizentnerhüne sich vier Bier einverleibt, oder ein abgemagerter Sechstklässler, der keine fünfzig Kilo auf die Waage bringt.

Ein gesunder und ein kranker Mensch werden die Tugend »Fleiß« nicht auf dieselbe Weise leben, genauso wenig wie man in den Ferien mit demselben Ernst lernen muss wie unmittelbar vor den Abschlussprüfungen.

In der Ethik geht es um die Erfüllung des Menschseins durch wahrhaft menschliche Handlungen. Die menschlichen Handlungen werden aber durch das Zuviel und Zuwenig verzerrt, während sie in der goldenen Mitte ihre Erfüllung finden. Wenn es heißt, dass die Tugend in der goldenen Mitte liegt, ist damit nicht die Mittelmäßigkeit und auch kein rechnerischer Mittelwert gemeint. Weder besteht die Tugend der Pünktlichkeit darin, dass wir zu genau fünfzig Prozent unserer Verabredungen pünktlich erscheinen, noch gibt sich ein verantwortungsbewusster Student mit einer Drei minus in allen Fächern zufrieden. Wer nach dem Motto lebt: »Nur nicht zu viel des Guten«, der ist kein tugendhafter Mensch. Nicht das Mittelmäßige, sondern das Ausgezeichnete ist die Tugend.

5. Die Eroberung des eigenen Ich

Lange Zeit dachte man, die Ethik sei eine Ansammlung von Verboten: Tu dies nicht, sag das nicht, denk jenes nicht – ganz so, als würde die Ethik unsere Freiheit beschneiden. Das ist aber ein Zerrbild der Ethik; denn die Ethik verneint nicht die eigene Persönlichkeit, sondern will sie entwickeln und zur Entfaltung bringen. Ethisch leben bedeutet nicht, blind irgendwelche Gebote und Verbote zu befolgen. Ethisch leben ist ein Abenteuer, das tägliche Erreichen von Zielen, das Erwerben und Verfestigen von Tugenden. Ethisch leben, das ist nicht der Verzicht auf unsere Freiheit, sondern ihre Stärkung und Entfaltung.

Ziele erreichen, uns selbst neue menschliche Qualitäten erarbeiten, in unserem Menschsein wachsen – das hat nichts damit zu tun, den Kopf einzuziehen oder stur ein erdrückendes Gesetz zu befolgen.

Ein ethisches Leben führen wir nicht, indem wir die Lebensfreude in uns abtöten und eine verbitterte Miene aufsetzen, so als ob ein tugendhaftes Leben Freude und Genuss ausschließen müsste. Ganz im Gegenteil: Die Ethik ist der tägliche Kampf ums Glücklichsein.

Niemand hat der Ethik mehr Schaden zugefügt als die Leute, die die Tugend wie eine Last mit sich herumschleppten, als wäre sie eine Art Bauchweh. Von einem tieferen Verständnis für die Ethik zeugt dagegen ein altes Gebet, das die Kinder in Mexiko manchmal vor dem Einschlafen aufsagen: »Gott, mach die bösen Menschen gut und lass die guten Menschen fröhlich sein.«

Zur Diskussion:

1. Welche Tugenden scheinen dir für einen jungen Menschen die wichtigsten zu sein? Welche scheinen dir in der Partnerschaft und Ehe wichtig? Wie lassen sich diese Tugenden erwerben? Welches Laster scheint dir in der heutigen Gesellschaft den größten Schaden anzurichten?

2. Wie würdest du erklären, dass die Tugenden etwas Positives sind? Inwiefern können sie dazu beitragen, dass wir über unser Leben selbst bestimmen?

3. Worin, glaubst du, besteht der Unterschied zwischen dem Abrichten eines Tieres und der Erziehung einer menschlichen Person?

Siebtes Kapitel

Das Abenteuer Freiheit

Im vorigen Kapitel haben wir gesehen, wie man sich durch die Tugend selbst beherrscht, das heißt: wie man durch die Tugend frei wird. Heutzutage ist überall von Freiheit die Rede, von den politischen Freiheiten, von der Befreiung der Frau, von der freien Meinungsäußerung. Der Mensch unseres Zeitalters ist wie besessen von der Idee der Freiheit.

In diesem Kapitel wollen wir uns über die Freiheit in einem weiten Sinne Gedanken machen, ohne dabei viele Unterscheidungen zu treffen. Wir wollen dabei – um das Ergebnis einmal vorwegzunehmen – deutlich machen:

a) dass die Freiheit ein Ausdruck der Geistigkeit des Menschen ist;
b) dass wir als freie Wesen auch verantwortliche Wesen sind;
c) dass die Freiheit in der Fähigkeit besteht, sich selbst zu bestimmen;
d) dass die Freiheit eine Eigenschaft von vernünftigen und gewollten Handlungen ist;
e) dass Freiheit nicht bedeutet, keine Verpflichtungen einzugehen.

1. Die Freiheit ist eine Tatsache

Von den Philosophen haben einige die Existenz der Freiheit bestritten und verschiedene Formen des Determinismus verteidigt. Im zweiten Teil dieses Buches werden wir auf die wichtigsten deterministischen Theorien zu sprechen kommen. Fürs Erste jedoch soll unser Ausgangspunkt ein anderer sein: die Tatsache der Freiheit. Wenn wir uns mit Ethik beschäftigen, wenn wir Gewissensbisse haben – weil wir wissen, dass wir besser hätten handeln können –, wenn wir uns im Unklaren darüber sind, was wir tun oder nicht tun sollen, so sind dies untrügliche Beweise dafür, dass wir frei sind. Kein Tier hat jemals daran gezweifelt, was es tun soll. Es zerbricht sich nicht den Kopf darüber, ob es etwas tun soll oder nicht. Wir dagegen wissen, dass wir die Ursache unserer Handlungen sind und deshalb für unser Tun die Verantwortung tragen. Wir alle machen ständig die Erfahrung der Freiheit.

Unsere Freiheit wird auch durch die ebenso offenkundige Tatsache nicht in Frage gestellt, dass sie keine unbedingte Freiheit ist. Wir sind nicht unbegrenzt frei. Unsere Gesundheit, unsere Umwelt, unsere Erziehung – um nur einige Faktoren aufzuzählen – grenzen unsere Freiheit ein. Aber sie beseitigen sie nicht. Der Mensch ist ein endliches Lebewesen, und darum ist logischerweise auch seine Freiheit eine endliche Freiheit.

Eben weil die Existenz der Freiheit so offen zu Tage liegt und die Freiheit das menschliche Leben zutiefst bestimmt, ist sie zu einem Wert geworden, den heute fast alle verteidigen.

2. Der Zweck der Freiheit

Die Freiheit ist eine Tatsache, doch genügt es nicht, bloß ihre Existenz festzustellen. Wir müssen uns auch fragen: Was ist die Freiheit? Wozu sind wir frei? Die Freiheit hat nur einen Sinn, wenn sie Freiheit *zu* etwas ist, wenn sie einen Zweck hat. In unserer Gesellschaft wird die Freiheit ununterbrochen angepriesen; aber fast niemand weist uns einmal darauf hin, dass sie, um einen Sinn zu haben, auch einen Zweck haben muss. Freiheit ist *Selbstbestimmung auf etwas hin*, das bedeutet, sie ist *die Fähigkeit des Menschen, sich selbst auf ein Ziel hin zu bestimmen*. Das ist die eigentliche Definition der Freiheit, und diese Freiheit ist eines der wesentlichen Merkmale eines jeden geistigen Wesens. Frei ist eine Handlung dann, wenn der Mensch sich durch sie – in einem geistigen Sinne – auf ein Ziel hin bewegt; auf ein Ziel, das er mit seiner Vernunft erkannt und mit seinem Willen erwählt hat. Von Freiheit zu reden, hat gar keinen Sinn, solange man sich dabei nicht auf ihr Wozu bezieht, auf den Grund ihres Daseins.

Die Tiere bewegen sich auf das hin, was sie mit ihren Sinnen wahrgenommen haben: ein Stück Fleisch, den Geruch eines Weibchens, die Farbe einer Blume. Ihr Instinkt legt fest, worauf sie in ihrem Verhalten aus sind; sie treffen keine freie Wahl. Anders verhält es sich beim Menschen. Der Mensch zeichnet sich zusätzlich durch Vernunfterkenntnis aus. Wenn er beispielsweise verheiratet ist, sieht er im anderen nicht bloß ein Männchen oder ein Weibchen, mit dem er seine Triebe befriedigt und seine Art erhält, sondern er ist in der Lage, den anderen als Partner für ein ganzes Leben anzuerkennen und dabei dessen Werte zu schätzen, die ein Tier überhaupt nicht wahrnehmen würde: seine Treue etwa, seine Großzügigkeit, seine Aufrichtigkeit. Vor allen Dingen aber ist der Mensch in der Lage, unter dem, was er erkannt hat, noch eine freie Wahl zu treffen: Er kann einhalten, um zu überlegen, um das Für und Wider einer Entscheidung abzuwägen; und er kann sich darüber Gedanken machen, ob er durch seine Entscheidung in seinem Menschsein wächst. Er kann die Folgen seiner Handlungen abschätzen und von vielen möglichen Handlungen schließlich eine wählen. Beim Ausüben der Freiheit spielen Wille und Vernunft zusammen.

Wichtig ist dabei nicht, die Freiheit auszuüben, bloß um sie auszuüben, sondern dass der Mensch, indem er die Freiheit ausübt, zu einem wahren Menschen wird. Die Freiheit ist kein Wert an sich, ist kein letztes Ziel, sondern nur ein Mittel dazu, sich als Mensch zu verwirklichen. So wie das Geld dazu da ist, um sich damit Dinge zu kaufen, so ist die

Freiheit dazu da, dass wir unser Glück erlangen, unser höchstes Ziel. Frei zu sein, ohne die Möglichkeit zu haben, glücklich zu sein, wäre das größte Unglück, das uns widerfahren könnte. Die Freiheit ist der Weg zum Glück. Deswegen ist es so wichtig, die Freiheit auch richtig auszuüben: Eine falsch ausgeübte Freiheit würde uns von unserem Glück wegführen, würde uns weniger Mensch sein lassen; eine falsch ausgeübte Freiheit würde uns unserer Vernunft entfremden.

Deswegen muss man so vorsichtig sein, wenn man von Freiheit spricht; denn wir vergessen allzu leicht, dass der Sinn der Freiheit nur in ihrem Zweck liegt. Ein Philosoph hat darum sogar einmal geklagt: »Freiheit, wie viele Verbrechen werden in deinem Namen begangen!«

3. *Freiheit von* und *Freiheit zu*

Die Freiheit hat eine zweifache Dimension: frei zu sein *von* etwas und frei zu sein *zu* etwas. Sich von etwas zu befreien, wird dann wichtig, wenn unser Entscheidungsspielraum eingeschränkt ist. Dazu kann es zum Beispiel kommen, wenn in einem demokratischen Land ein Militärputsch stattfindet und freie Wahlen verboten werden. Dann herrscht dort ein Mangel an politischer Freiheit, und man hat das Recht zu versuchen, frei zu sein *von*, nämlich sich von der Diktatur zu befreien. In einem solchen Falle ist es richtig, die politische Freiheit als ein Ziel anzustreben – aber doch nicht als das höchste Ziel, weil es im demokratischen Leben nicht nur darauf ankommt, frei wählen zu können, sondern ganz entscheidend auch darauf, die beste Regierung zu wählen.

Davon abgesehen ist der Mensch auf einer tieferen Ebene von Natur aus frei. Weil er sich selbst zum Handeln bestimmen kann, ist er frei von der Diktatur seiner Triebe. Diese ursprüngliche Freiheit kann mir auch ein Diktator nicht nehmen. Er kann mich zwar daran hindern, die Regierung frei zu wählen, aber er kann mir nicht die Freiheit nehmen, ein guter oder schlechter Mensch zu sein, angepasst oder engagiert, mutig oder feige. Er kann mir nicht die Freiheit nehmen, an mir selbst zu arbeiten, mich selbst zu verändern.

Die gegenwärtige Gesellschaft legt sehr großen Wert auf die *Freiheit von* und versteht Freiheit meist nur unter dem Gesichtspunkt der Befreiung: Befreiung von Vorurteilen, von Autoritäten, von Traditionen, von Verboten und Geboten. Grundlegender als die *Freiheit von* jedoch ist die *Freiheit zu*. Die Befreiung ist nur ein erster Schritt bei der Verwirklichung eines größeren Projekts, eines ganzen Lebensentwurfs. Wir müssen uns in einem ersten Schritt *befreien von*, um *frei* zu werden *zu*: zu dem Lebensentwurf, den wir verwirklichen wollen. Sich aufzulehnen, ohne dabei ein größeres Projekt zu verfolgen, ergibt keinen Sinn. Der Kern der Freiheit ist der Lebensentwurf. Eine reine Freiheit *von* allem und jedem führt uns nirgendwo hin, es sei denn in die Enttäuschung und den Trübsinn jenes berühmten Films ... *denn sie wissen nicht, was sie tun*.

Was ist nun dieser Lebensentwurf, in dessen Dienst die Freiheit steht? Ganz einfach: ein Mensch zu sein. Die volle Entfaltung unserer Natur als eines vernunftbegabten Lebewesens ist das wichtigste Projekt, dessen Verwirklichung in unseren Händen liegt. Der Mensch hat die Möglichkeit, in seinem Menschsein zu wachsen und mit seiner Natur im Einklang zu leben; doch kann er bei dieser Aufgabe auch scheitern. In seinem Menschsein wächst, wer die *Tugenden des Menschseins* erwirbt.

Ein tugendhaftes Leben ist das große Projekt des Menschen. Dass wir alle die Tugenden des Menschseins entwickeln sollen, bedeutet nun nicht (wie wir schon im vorigen Kapitel sehen konnten), dass wir alle gleich sein müssen. Und deswegen kann es auch so viele berechtigte Lebensentwürfe geben wie Menschen auf der Erde. Das Projekt Menschsein ist kein Einheitsprojekt, denn obwohl die

Menschen alle dieselbe menschliche Natur besitzen, sind sie doch alle verschieden. Eine Vollzeitmutter kann ebenso wie eine Angestellte, wie ein Lehrer oder ein Gärtner ihre Vernunftanlage voll entfalten und ein wahrhaft menschliches Leben führen. Das Projekt Menschsein kann ganz verschiedene Formen annehmen, weil es unendlich viele Möglichkeiten gibt, Mensch zu sein.

4. Unabhängigkeit und Engagement

Freiheit ist nicht dasselbe wie Unabhängigkeit. Der Mensch ist von Natur aus abhängig. Wir sind abhängig von der Familie und den Freunden, vom Finanzamt, von der Polizei, von unseren Nachbarn. Wenn wir Freiheit mit Unabhängigkeit verwechseln, kommen wir zwangsläufig zu dem Schluss, dass unsere Freiheit immerzu von anderen vereitelt wird. Wir brauchen uns nur vor Augen zu führen, dass wir bis in unser Erwachsenenalter von unseren Eltern abhängen, die uns nicht nur ernährt, sondern auch über unsere Erziehung entschieden haben. Wir sind vom sozialen Milieu abhängig gewesen, in dem wir groß geworden sind, von den Einstellungen unserer Freunde und den Launen unserer Lehrer. Unsere Freizeitgestaltung hängt von der wirtschaftlichen Situation unseres Landes und vom Stand der Technik ab. Von unserem Geldbeutel hängt ab, was wir essen und welches Auto wir fahren. Kurz, wir werden abhängig geboren und bleiben es unser ganzes Leben lang.

Wenn es also gar nicht möglich ist, dass wir in jeder Hinsicht unabhängig sind, so können wir uns doch zu etwas *verpflichten*, das heißt, wir können uns selbst dafür entscheiden, von etwas oder jemandem abhängig zu sein. Eigentlich ist jede freie Wahl – wenn auch in unterschiedlichem Maße – eine solche Selbstverpflichtung. Freiheit gibt es für uns nur, wenn wir uns selbst verpflichten, wenn wir uns engagieren. In Wirklichkeit sind Freiheit und Engagement keine Gegensätze. Ein Mensch, der überhaupt keine Verpflichtungen eingehen will, um »frei« zu sein und seine »Unabhängigkeit« zu bewahren, der könnte sich für gar keinen Beruf entscheiden, weil jede Berufswahl mit Regeln und Pflichten verbunden ist. Er könnte auch keine Freunde haben, denn um anerkannt zu werden, muss er sich an eine ganze Reihe von ungeschriebenen Gesetzen halten.

Wenn ich mich unter den 1,8 Milliarden heiratsfähigen Frauen, die es auf der Welt gibt, für eine entscheide, dann verzichte ich damit auf die übrigen 1,799999999 Milliarden. Aber dadurch, dass ich mich an die eine binde, durch mein Engagement für nur eine von ihnen, wird meine Freiheit nicht gemindert; sondern erst so verwirkliche ich meine Freiheit. Den Zweck meiner Freiheit erreiche ich nur, wenn ich mich festlege, wenn ich mich für einen Lebensentwurf entscheide: wenn ich mich im Leben engagiere. Frei sein kann ich nur, indem ich meine Freiheit ausübe. Jede Entscheidung ist Verpflichtung, und ohne Entscheidung gibt es keine Freiheit.

5. Wie man in der Freiheit wächst

In unserer Gesellschaft hat man leider meist eine ganz falsche Vorstellung davon, wie man in der Freiheit wachsen kann. Man glaubt, die Freiheit werde dadurch größer, dass man Grenzen beseitigt. Frei sein bedeutet danach, Vorurteile zu überwinden, Regeln hinter sich zu lassen, Vorgänge zu beschleunigen, körperliche, technische und moralische Grenzen zu überschreiten. Manche glauben auch, dass man umso freier wird, je weniger man seine triebhaften Instinkte unterdrückt. Danach wäre der Mensch am freiesten, der alle seine Triebe nach Lust und Laune ungehemmt befriedigt.

So wird es uns aber gerade nicht gelingen, unsere Freiheit zu vergrößern, und zwar aus zwei Gründen:

a) Mit Menschen, die nur ihren Trieben folgen, kann keine Gesellschaft auf Dauer bestehen. Würde kein Autofahrer die Verkehrsregeln beachten, weil sie »seine Freiheit beeinträchtigen«, dann wäre das Autofahren so gefährlich, dass wir lieber zu Fuß gingen. Würde sich niemand um die Eigentumsrechte scheren, dann könnten wir nicht einmal mehr unser Haus verlassen. Für das gute Funktionieren der Gesellschaft ist es nötig, dass der Willkür von einzelnen Menschen Grenzen gesetzt werden.

b) Ein Mensch, der nur seinen Instinkten folgt, in dem Glauben, dass er dadurch freier wird, wird ganz im Gegenteil seine Freiheit verlieren, weil er sich zum Sklaven seiner Triebe macht. Wem es gar nicht gelingt, seinen Sexualtrieb zu beherrschen, kann am Ende an nichts anderes mehr denken als eben an die Befriedigung seines Sexualtriebs. Ein eingefleischter Kettenraucher wird schließlich von seinem Bedürfnis nach Tabak beherrscht. Ein junger Mensch, der sein Bedürfnis nach Drogen auslebt, wird am Ende von den Drogen »ausgelebt«. Wenn wir nicht Herr unserer Triebe werden, werden die Triebe zu unseren Herren.

Der wirkliche Weg, seine Freiheit zu vergrößern, besteht darin, dass wir uns selbst immer besser beherrschen lernen und uns zugleich immer weniger von den Dingen beherrschen lassen. Jedes Mal, wenn ich mich nicht vom äußeren Reiz der Dinge bestimmen lasse, sondern mich selbst für ein Ding entscheide, übe ich meine Freiheit aus und vergrößere sie zugleich. Ich muss bestimmte innere Haltungen den Dingen gegenüber erwerben, wenn ich in der Freiheit wachsen will. Dadurch verleihe ich mir selbst neue Fähigkeiten, für die ich mich selbst entschieden habe.

Dank solcher frei erworbener Haltungen – der Tugenden – sind es nicht länger die Dinge, die uns an sich binden und von denen wir uns ködern lassen wie Fische, die nur ihrem Instinkt folgen, sondern wir selbst entscheiden uns frei für etwas und legen uns darauf fest. Die wichtigste derartige

Entscheidung ist natürlich die Wahl eines bestimmten Lebensentwurfs: Denn dort steht unsere ganze Existenz auf dem Spiel. Ein Mensch ohne Lebensentwurf ist ein Mensch ohne Freiheit. Und ein Mensch mit einem fehlgeleiteten Lebensentwurf ist dazu verurteilt, in seinem Menschsein zu scheitern.

6. Die Wahlfreiheit und die Freiheit zur Wahl

Die Freiheit besteht nicht nur in der Möglichkeit, sich zwischen zwei oder mehreren Dingen für das eine oder für das andere zu entscheiden (Wahlfreiheit), für den Urlaub in den Bergen oder für den Urlaub am Meer, für helles oder für dunkles Bier, für einen schwarzen oder einen blauen Lidschatten. Neben der Fähigkeit, das eine zu wählen oder das andere, umfasst unsere Freiheit außerdem die Möglichkeit, zu wählen oder nicht zu wählen (Freiheit zur Wahl). Auf eine Entscheidung ganz zu verzichten, sich einer Entscheidung überhaupt zu enthalten, gehört auch zu den einzigartigen Fähigkeiten des Menschen. Ein Hund zum Beispiel kann zwar entweder das eine Stück Fleisch oder das andere fressen, aber er kann sich eine Entscheidung für das eine oder das andere nicht versagen oder in den Hungerstreik treten, um zu erreichen, dass man ihm seine Jungen zurückgibt.

Bei der Freiheit kommt es nicht wesentlich darauf an, dass einem möglichst viele Möglichkeiten des Handelns offen stehen. Die Grundlage der Freiheit ist vielmehr die Fähigkeit, sich selbst zu bestimmen. Die Wahlfreiheit hat ihre Wurzeln in der Freiheit zur Wahl.

7. Die drei Ebenen der Freiheit

Wir können die Freiheit auf drei Ebenen ausüben: auf der Ebene des Habens, auf der des Tuns und auf der des Seins.

Auf der Ebene des Habens üben wir die Freiheit aus, wenn wir uns dafür entscheiden, ob wir uns einen Lupo oder einen Smart in die Garage stellen, einen Hund oder eine Katze zulegen, ein Paar Jeans der Marke X oder der Marke Y kaufen. Eine zweite Ebene ist die des Tuns: Wir können uns dafür entscheiden, ob wir ins Kino oder lieber tanzen gehen, ob wir Fußball oder lieber Basketball spielen. Schließlich können wir uns auf einer dritten Ebene dafür entscheiden, wie wir sein wollen: ob ausgeglichen oder unbeherrscht, aufrichtig oder heuchlerisch, treu oder unzuverlässig.

Die Werbung will uns glauben machen, dass die grundlegende Form der Freiheit die Freiheit des *Habens* ist. Wer in der Konsumgesellschaft nicht in der Lage ist, zwischen mehreren Automodellen zu wählen, weil sein Geld gerade für den billigsten Kleinwagen reicht, gilt als so etwas wie ein Mensch zweiter Klasse. (Bei uns in Mexiko gibt es sehr viele Menschen, deren Geld nicht einmal für den billigsten Kleinwagen reicht.) Wer es sich leisten kann, zwischen einem Hemd von Hugo Boss und einem von Ralph Lauren zu wählen, gilt als freier als jemand, der sich das nicht leisten kann.

Die Konkurrenzgesellschaft misst außerdem der Freiheit des *Tuns* einen besonderen Wert bei. Ihr kommt es darauf an, bei der Arbeit, beim Sport und im sozialen Leben erfolgreich zu sein. Ein Mensch, der einer von der Gesellschaft besonders anerkannten Arbeit nachgeht, gilt als freier als der einfache Angestellte, ein Personalchef scheint freier als ein Grundschullehrer und eine Ministerin freier als eine Köchin.

Tun und Haben sind sicherlich zwei wichtige Ebenen, auf denen der Mensch seine Freiheit ausübt. Die Gefahr ist, dass man übersieht, dass die Wurzeln der Freiheit auf der Ebene des Seins liegen. Die Freiheit ist vor allen Dingen die Fähigkeit des Menschen, sich auf einen Lebensentwurf festzulegen, das heißt, sein ganz eigenes Sein herauszubilden.

Das Tun und das Haben sind dann in einem gewissen Sinne die Folgen seiner ursprünglichen Entscheidung, ein solcher oder ein solcher Mensch zu sein. Je nachdem, was für ein Mensch ich bin, handle ich auf die eine oder andere Weise; je nachdem, was für ein Mensch ich bin, habe ich dies oder jenes.

Diese bedeutende Fähigkeit, unser eigenes Ich herausbilden zu können, uns frei dafür entscheiden zu können, wie wir sein wollen – diese Fähigkeit üben wir aus, wenn wir *Haltungen* erwerben. Es kann einer ein zuvorkommender Mensch oder ein gemeiner Egoist sein. Der eine entscheidet sich dafür, fleißig zu sein, der andere, jeder Arbeit aus dem Weg zu gehen. Wir können uns dafür entscheiden, ein guter oder schlechter Mensch zu sein: Hierin besteht die grundlegende Entscheidung unseres ganzen Lebens.

Zur Diskussion:

1. *Sind deiner Meinung nach die Menschen heute freier als früher? Warum?*

2. *Sieh dir den Film* Die Verurteilten *(*The Shawshank Redemption, *USA 1994) an. Glaubst du, dass die Hauptperson auch noch im Gefängnis frei bleibt? Wenn ja, welcher Art ist die Freiheit, die dieser Mensch auch noch in der Haft behält?*

3. *Wie lässt sich deiner Meinung nach die Freiheit mit der Achtung ethischer Normen vereinbaren?*

Achtes Kapitel

Bewerten lernen – das ethische Wissen und das Gewissen

Worauf es in der Ethik ankommt – darauf wollen wir hier noch einmal hinweisen –, ist nicht, dass wir in ethischen Fragen Bescheid wissen, sondern dass wir ethisch richtig handeln. Die Ethik ist eine praktische Wissenschaft, die das Ziel hat, dem Menschen zu helfen, dass er sich seiner Natur entsprechend verhält. Die Ethik gibt sich nicht damit zufrieden, nur über die Natur und die Freiheit des Menschen zu sprechen. Es geht bei ihr nicht um ein rein abstraktes Wissen, sondern um die persönlichen Handlungen eines jeden Menschen. Wir wollen jetzt betrachten, wie sich ethische Erkenntnisse auf unser Leben anwenden lassen, und das heißt: wie wir uns selbst für einen bestimmten Lebensentwurf entscheiden.

1. Das Gewissen

Die Ethik verlangt von uns, dass wir ganz persönlich in der konkreten Situation unseres Lebens darüber nachdenken und entscheiden, was wir jetzt gerade tun sollen. Diese Aufgabe kann uns niemand abnehmen: Jeder Einzelne von uns ist selbst dafür verantwortlich, ob er moralisch richtige oder falsche Entscheidungen trifft; denn jeder von uns hat einen Verstand und ist frei. Hier kommt das *moralische Gewissen* ins Spiel. Das moralische Gewissen ist ein Urteil der Vernunft. Durch dieses Urteil weiß die betreffende Person um den moralischen Wert einer konkreten Handlung, die sie ausführen will, die sie gerade ausführt oder die sie ausgeführt hat. Von einem »rechten« Gewissen sprechen wir dann, wenn das ethische Wissen richtig auf die konkrete Handlung angewendet wird; und von einem »falschen« oder »irrenden« Gewissen sprechen wir, wenn der Mensch das ethische Wissen nicht richtig anwendet und deshalb zu einem falschen Urteil über den moralischen Wert seiner Handlung gelangt. Man sagt vom Gewissen, dass es uns *entschuldigt* und dass es uns *anschuldigt*, je nachdem, ob wir zur Einsicht gelangen, dass wir gut oder dass wir schlecht gehandelt haben.

Damit wir die Stimme unseres Gewissens vernehmen und ihr daraufhin folgen können, ist es nötig, dass wir aufmerksam in uns hineinhören. Eine solche Innerlichkeit ist für uns umso wichtiger, weil uns das moderne Leben immer weniger Gelegenheit lässt, über uns nachzudenken, in uns zu gehen und zu betrachten, was in unserem Inneren vorgeht. Die lawinenartige Ausbreitung der Kommunikationsmittel bis in den letzten Winkel unserer Schlafzimmer, die unüberschaubar große Menge an Information, die uns das Internet zur Verfügung stellt, die hektische Geschwindigkeit des Lebens in der Stadt, die Werbung und der Konsum, der Erfolgsdruck im Beruf – all das lässt einem kaum noch Zeit, sich mit sich selbst zu beschäftigen. Im Gegenteil, es führt uns in den totalen Aktivismus: Wir handeln nur noch, um zu handeln, machen etwas nur, um irgendetwas zu machen, ohne einmal eine Pause einzulegen und darüber nachzudenken, welches Ziel wir mit unserem rasenden Aktivismus eigentlich verfolgen.

Die Würde der menschlichen Person verlangt die Richtigkeit des moralischen Gewissens. Zum moralischen Gewissen gehört a) das Erfassen der ethischen Prinzipien, b) ihre Anwendung auf die aktuelle Situation – hier kommt es natürlich auch darauf an, dass man diese Situation richtig erfasst – und schließlich c) das Urteil über die konkreten Handlungen, die man entweder bereits ausgeführt hat oder noch ausführen wird. Einen Menschen, der im Einklang mit seinem Gewissensurteil handelt und dessen Gewissensurteil außerdem richtig liegt, nennt man einen klugen Menschen.

Deswegen wollen wir uns in diesem Kapitel damit beschäftigen, wie man die Fähigkeit zur ethischen Bewertung erwirbt, wie man sie weiterentwickelt und wie man sie anwendet; früher sagte man dafür: wie man sein Gewissen bildet. Das Erste, was ich beachten muss, wenn ich richtig handeln will, ist die menschliche Natur. Was die menschliche Natur ist, haben wir vor allem in Kapitel 4 betrachtet. Zusammenfassend können wir diese Frage so beantworten: *Der Mensch ist ein vernunftbegabtes Lebewesen, in dem sich Körper und Geist verbinden; er richtet seinen Verstand auf das Wahre und seinen Willen auf das Gute aus; mit seinem Willen und seinem Verstand beherrscht er seine Instinkte.*

2. Die Natur als Verhaltensregel

Nach einem weit verbreiteten Vorurteil besteht ethisches Verhalten im Wesentlichen darin, dass man eine Reihe von Regeln und Normen beachtet, die uns von außen auferlegt werden – von der Gesellschaft oder von einer Autorität: Von ihrem Standpunkt aus erscheinen diese Regeln am zweckmäßigsten. Oder man stellt sich unter der Ethik eine Art Handbuch des guten Benehmens vor: So wie es von »schlechter Erziehung« zeugt, wenn man mit dem Löffel in der linken Hand seine Suppe isst, so verlangt das gute Benehmen von einem, dass man seine Freunde nicht kritisiert. Der Fehler dabei ist, dass man die sozialen Konventionen (Umgangsregeln) – die Gabel liegt links, das Messer rechts vom Teller – mit ethischen Normen verwechselt.

Im Grunde beruht Ethik aber weder auf irgendwelchen Autoritäten noch auf gesellschaftlich anerkannten Werten, noch auf persönlichen Vorlieben irgendwelcher Menschen. Die Regel des Verhaltens geht einfach aus der menschlichen Natur hervor: Denken wir darüber nach, was der Mensch ist, so erkennen wir auch, wie wir uns verhalten sollen. Dabei geht es nicht um eine biologische oder um eine statistische Untersuchung der Natur, sondern um die Erkenntnis unserer natürlichen Anlagen, um die Erkenntnis der natürlichen Ordnung. Aus der Tatsache, dass es viele Morde gibt, folgt nicht, dass es von Natur aus gut ist, andere umzubringen. Und aus der Tatsache, dass es viele Drogenabhängige gibt, folgt nicht, dass es unserer Natur entspricht, von Drogen abhängig zu sein.

Aus der Natur des Menschen – dass der Mensch eine Vernunft besitzt und die Fähigkeit hat, seine Triebe und Instinkte zu beherrschen – folgt vielmehr, dass er sich nicht von Gewalt beherrschen lassen soll. Aus der Einsicht in die Einzigartigkeit und den unendlichen Wert jedes menschlichen Wesens folgt, dass es unmoralisch ist, den Menschen zu versklaven und ihn wie ein Ding zu behandeln.

In den Naturwissenschaften wie in der Biologie gelangt man aus der Beobachtung vieler einzelner Fälle zu allgemeinen Gesetzen: Wenn Tausende von Nachtigallen im Winter in den Süden ziehen, dann ist es natürlich, dass Nachtigallen in den Süden ziehen. Anders verhält es sich in der Ethik: Wenn Tausende von Nordamerikanern Heroin konsumieren, dann folgt daraus nicht, dass der Drogenkonsum etwas Natürliches wäre – selbst wenn sie vielleicht glauben, dass daran nichts auszusetzen ist, und selbst wenn das Gesetz den Drogenkonsum erlauben würde. Sowohl der Gesetzgeber als auch der einzelne Mensch muss sich fragen: Was ist die Natur des Menschen? Was ist ihre Ordnung und Struktur? Welches sind die natürlichen Anlagen und Ziele des Menschen? Nur so können wir bei der ethischen Bewertung ins Schwarze treffen.

Die näheren Umstände der Handlung sowie die Absicht des Handelnden allein machen eine Handlung noch nicht zu einer ethisch richtigen Handlung. Wenn es in der Natur unserer Sprache liegt, dass die Sprache der Verständigung dient, dann ist das Lügen immer gegen die Natur gerichtet.

Die Lüge zerstört die Natur der Sprache, weil die Sprache von Natur aus der Verständigung zwischen Menschen dient. Wenn es die Absicht des Lügners gewesen ist, seinen Chef nicht unnötig zu verärgern, dann wird seine Lüge dadurch nicht zu einer naturgemäßen Handlung. Wenn man nur in einer kleinen und unbedeutenden Angelegenheit lügt – wie eine Frau, die sagt, sie sei neunundzwanzig Jahre alt, obwohl sie in Wirklichkeit schon dreißig ist –, dann ist das Lügen trotz der nur sehr kleinen Abweichung immer noch gegen die Natur gerichtet. Immerhin ist es in diesem Fall nicht so gravierend.

Wir können sagen: Der ethische Wert einer Handlung beruht zum einen auf dem natürlichen Zweck der Handlung, zum anderen auf der Absicht des Menschen, der handelt. Der natürliche Zweck des Sprechens ist es, sich zu verständigen; und deshalb ist das Lügen etwas Unnatürliches, auch wenn die Absicht dessen, der da lügt, vielleicht gar keine schlechte ist (in diesem Fall spricht man manchmal von einer »frommen Lüge«). Doch auch die Absicht des Handelnden kann die ganze Handlung verderben und zu einer schlechten Handlung machen. So ist zum Beispiel der natürliche Zweck des Almosengebens gut (einem Menschen in Not helfen), doch wenn die Absicht des Handelnden eine schlechte ist (etwa, den Bettler nur zu demütigen), dann wird auch die ganze Handlung schlecht. Die konkreten Umstände der Handlung (ob ich 50 Cent oder 500 Euro gebe, ob ich das Almosen an einem Kirchenportal oder am Eingang eines Restaurants gebe) ändern nichts an der Natur der Handlung (einem Menschen in Not helfen). Die konkreten Umstände machen den objektiven natürlichen Zweck einer Handlung nicht gut oder schlecht. Dennoch sind sie wichtig: Das Ausmaß unserer Verantwortung und der ethische Wert der Handlung hängen von ihnen mit ab.

3. Tradition und Gemeinschaft

Wenn wir lernen, ethisch zu bewerten, dann tun wir dies immer vor dem Hintergrund der Erfahrungen der Gemeinschaft, in der wir leben, und ihrer Traditionen. Weil der Mensch ein soziales Lebewesen ist, wird ihm von der Gesellschaft, in die er hineingeboren wird, ein Wissen von der Natur der Dinge vermittelt. Unser Wissen fängt niemals bei Null an, weder auf dem Gebiet der Naturwissenschaften noch in der Ethik: Immer bauen wir dabei auf den Erfahrungen auf, die die Menschen über Jahrhunderte hinweg gesammelt haben.

So wie wir das Sprechen lernen, indem wir unseren Eltern zuhören, so lernen wir auch, ethisch zu bewerten, indem wir erleben, welche Verhaltensweisen sozial anerkannt sind. Das bedeutet nicht, dass die Verhaltensregeln, die uns von der Gemeinschaft vermittelt werden, unfehlbar wären. Sie sind für uns nur ein Ausgangspunkt. So wie eine Gemeinschaft ihren Mitgliedern ein grundlegendes medizinisches Wissen vermittelt (wie zum Beispiel, dass Kamillentee hilft, wenn man sich den Magen verdorben hat, oder dass Honig mit Zitrone gut gegen Halsschmerzen ist), so vermittelt die Gemeinschaft auch Kriterien zur moralischen Bewertung. Es wäre eine große Dummheit, die ethischen Erfahrungen, die uns unsere Eltern vermitteln, gering zu schätzen.

Aber in dem Maße, in dem ein Mensch reifer wird, ist er dazu verpflichtet, sich diese Kriterien und dieses Wissen bewusst zu machen, seine moralischen Vorstellungen zu überdenken und mit der Wirklichkeit zu vergleichen. Ein ausgebildeter Arzt würde auch nicht versuchen, eine Blinddarmentzündung mit Kamillentee oder Tuberkulose mit Honig und Zitrone zu behandeln. Diese Hausmittel sind für solche Krankheiten nicht geeignet. Es kann sogar vorkommen, dass man traditionell ganz falsche Mittel anwendet, um eine Krankheit zu bekämpfen. So wurden in Indien lange Zeit Wunden mit Umschlägen aus Kuhfladen behandelt (weil die Kühe dort als heilige Tiere gelten). Aber meistens wurde damit alles nur noch schlimmer; häufig kam es sogar zu Tetanusinfektionen. Die Gemeinschaft irrte sich: Zur Behandlung einer Wunde braucht man Alkohol oder wenigstens Seifenwasser. Die Azteken glaubten, dass die kultischen Menschenopfer ihrem Gott Huitzilopochtli gefielen. So wurde es bei ihnen von Generation zu Generation überliefert. Wenn auch ihre Absicht keine schlechte war (einem Gott einen Gefallen zu tun und dadurch Unheil von der Welt abzuwenden), haben sie sich doch getäuscht. Weder das Heilen von Wunden mit Kuhmist noch das Opfern von herausgerissenen Menschenherzen sind vernünftige Handlungen. Und genauso wenig ist jedes ethische Wissen, das eine Gemeinschaft ihren Mitgliedern vermittelt, immer auch wahr.

Deswegen ist es so wichtig, dass die Menschen in einer Gemeinschaft groß werden und leben, die möglichst wenigen ethischen Irrtümern unterliegt. Einem Jungen, der in einer Gesellschaft von Mafiosi aufwächst, wird es schwer fallen, den Wert des menschlichen Lebens zu begreifen, da es in seiner Familie gang und gäbe ist, andere Leute umzulegen. Den Sohn eines korrupten Beamten wird man nur mit großen Schwierigkeiten vom Wert der Ehrlichkeit überzeugen können. Und der Tochter einer Prostituierten wird es nicht leicht fallen einzusehen, dass ihr Körper keine Ware ist, die man auf der Straße verkauft, und dass die menschliche Sexualität auf die Liebe hin angelegt ist.

4. Versiertheit im ethischen Urteilen: die Klugheit

Die Ethik lehrt uns beurteilen, ob eine Handlung richtig ist oder falsch, natürlich oder gegen die Natur gerichtet, gut oder schlecht. Für die ethische Bewertung einer Handlung benötigen wir ein doppeltes Wissen: Zum einen müssen wir die menschliche Natur als den Maßstab unseres Verhaltens kennen. Das ist ein sehr allgemeines Wissen, das zu allgemeinen Verhaltensregeln führt wie »Mord ist schlecht« oder »Zu Freunden muss man stehen«. Zum anderen müssen wir wissen, wie wir das Gesetz auf den Einzelfall anwenden. Darf ich zum Beispiel jemanden erschießen, der versucht, meine Mutter zu vergewaltigen? Soll ich weiter zu einem Freund halten, der ein Neonazi geworden ist? Wir müssen also wissen, ob etwas *hier und jetzt*, unter den gegebenen Umständen und in diesem Augenblick, gut oder schlecht ist.

Eine moralische Regel könnte niemals lauten: »Die Nüchternheit besteht darin, nicht mehr als zwei Bier zu trinken.« Warum nicht? Es ist zwar klar, dass wir die Aufgabe haben, nüchtern zu bleiben und nicht unvernünftig zu handeln wie Betrunkene – das fordert unsere menschliche Natur von uns. Ein *kluger* Mensch aber wendet nun das Nüchternheitsgebot auf jeden einzelnen Fall neu an, so wie ein Arzt die allgemeinen medizinischen Verhaltensregeln auf jeden einzelnen Patienten neu anzuwenden hat. Allgemein gesprochen verabreicht man Antibiotika, um schwere bakterielle Infektionen zu bekämpfen. Aber wenn ein Patient mit Nierenschwäche an einer Lungenentzündung leidet, dann muss der Arzt genau abwägen: Soll er die Lungenentzündung wirklich mit Antibiotika bekämpfen und dabei riskieren, die Nieren des Patienten zu schädigen; oder soll er lieber die Nieren des Patienten schonen, auf das Risiko hin, dass sich die Lungenentzündung noch verschlimmert? Die allgemeinen medizinischen Verhaltensregeln sagen dem Arzt nicht, wie er sich in jedem konkreten Fall zu verhalten hat. Und genauso wenig verrät uns eine allgemeine moralische Verhaltensregel wie »Bleibe nüchtern«, wie viele Gläser Bier ein ganz bestimmter Mensch in einer ganz bestimmten Situation höchstens trinken sollte.

Wenn uns also die allgemeinen moralischen Verhaltensregeln noch keine Auskunft darüber geben, wie wir jeden einzelnen Fall ethisch zu bewerten haben, dann fragt sich: Was können wir tun, um bei konkreten Entscheidungen mitten im Leben ethisch nicht falsch zu liegen? Nur jemandem, der die *Klugheit* besitzt, wird es gelingen, die allgemeine moralische Verhaltensregel treffend auf die Einzelfälle anzuwenden. Deswegen kommt es so sehr darauf an, dass wir diese Fähigkeit entwickeln, um bei der moralischen Bewertung ins Schwarze zu treffen. Die Fähigkeit der Klugheit zu entwickeln heißt, sein eigenes Gewissen zu bilden. Das ist eine anspruchsvolle Aufgabe, die von uns verlangt, dass wir nachdenken, dass wir unser Wissen erweitern, dass wir uns selbst erkennen, dass wir uns aufrichtig das Gute vornehmen und persönliche Verantwortung übernehmen. Fünf Dinge tragen besonders dazu bei, dass wir bei der ethischen Bewertung gewöhnlich richtig liegen, dass wir also kluge Menschen werden und unser eigenes Gewissen bilden:

a) *Sich an seine bisherigen Erfahrungen erinnern.* Das bedeutet, dass wir den konkreten Fall mit ähnlichen Fällen, die uns schon begegnet sind, vergleichen. Wenn ich mich zum Beispiel daran erinnere, dass ich mich nach soundso viel Schluck Whiskey schon einmal aggressiv verhalten habe, dann habe ich einen Anhaltspunkt, der mir hilft, das nächste Mal die richtige Entscheidung zu treffen und zum richtigen Zeitpunkt mit dem Trinken aufzuhören.

b) *Einen klugen Menschen um Rat fragen.* Wer jemanden um Rat fragt, der macht sich sozusagen die Erfahrungen des anderen zunutze. Deswegen schätzt man den Rat älterer Menschen besonders, da sie ja in der Regel über die größte Erfahrung verfügen. Besonders schätzt man auch den Rat von solchen Menschen, die in einer Gemeinschaft aufgrund ihrer vorbildlichen Lebensführung anerkannt sind. Der Rat eines Mafiabosses dagegen ist zwar sicher sehr hilfreich, wenn es darum geht, der Polizei zu entwischen, aber nicht besonders hilfreich für das moralisch richtige Urteilen.

c) *Umsichtig sein.* Das bedeutet, die verschiedenen Aspekte einer Entscheidung mit zu berücksichtigen; möglich ist dies nur, wenn wir einen gewissen Abstand zu den

Dingen haben, wenn wir ruhig und objektiv bleiben und uns auch von schwierigen Situationen gefühlsmäßig nicht aus der Fassung bringen lassen. Umsichtig sein fällt schwer. Denn viele ethische Entscheidungen bewegen uns innerlich so sehr, dass wir am Ende nur noch wahrnehmen, was uns gefällt, was uns passt oder reizvoll erscheint – das ist aber oft nicht dasselbe wie das, was ethisch gesehen richtig wäre. So geht es einem Mädchen, das sich in einen gut aussehenden jungen Mann verliebt hat und nur noch Augen hat für seine schöne Gestalt: Wenn man ihm erzählt, dass sein Angebeteter als Frauenheld und Schläger verrufen ist, misst es diesen Warnungen nicht die nötige Bedeutung bei.

d) *Schnell urteilen.* Nicht nur Umsicht und Gelassenheit sind nötig, um ethisch richtig bewerten zu können. Wir müssen die konkrete Situation auch schnell beurteilen können. Es wäre nicht besonders klug, wenn ich so lange darüber nachdächte, ob ich heiraten soll oder nicht, bis sich meine Freundin (mein Freund) einen anderen (eine andere) sucht.

e) *Seine eigenen Schwächen kennen.* Ein Schütze, der weiß, dass der Lauf seines Gewehrs leicht nach links gebogen ist, wird nicht genau in die Mitte zielen, um möglichst viele Ringe zu schießen, sondern leicht rechts davon, um den Fehler auszugleichen. Genauso wird ein kluger Mensch, der weiß, dass er zur Knauserei neigt, sich bei seinen Entscheidungen vornehmen, »ein wenig zu großzügig zu sein«, um auf diese Weise die goldene Mitte zu treffen.

Diese fünf Einstellungen können uns – unter anderem – helfen, die Tugend der Klugheit herauszubilden. Indem wir immer mehr Situationen richtig beurteilen und immer häufiger die richtige Entscheidung treffen, machen wir uns selbst zu klugen Menschen. (Doch ist auch das Urteil eines klugen Menschen nicht unfehlbar – auch der kluge Mensch kann sich irren.) Nichts aber ist zum Erwerb der Klugheit – ohne die ein wirklich ethisches Leben kaum möglich ist –

besser geeignet als die feste Absicht, ein gutes Leben zu führen. Nur wenn wir uns das vorgenommen haben, sind wir auch tatsächlich dazu geneigt, uns von unseren bisherigen Erfahrungen leiten zu lassen, kluge Menschen um Rat zu fragen, umsichtig zu sein, schnell zu handeln und unsere eigenen Schwächen zu erkennen.

Die Klugheit ist also – um es noch einmal zusammenzufassen – die innere Haltung, die uns den moralischen Wert konkreter Handlungen richtig bewerten lässt.

Zur Diskussion:

1. *Was, würdest du sagen, ist der Unterschied zwischen einem klugen und einem intelligenten Menschen? Gibt es deiner Meinung nach einen Zusammenhang zwischen Klugheit und Intelligenz?*

2. *Sieh dir den Film* Mrs. Doubtfire – Das stachelige Kindermädchen *(*Mrs. Doubtfire, *USA 1993) an. Glaubst du, dass es sich bei der Hauptperson um einen klugen Mann handelt? Warum? Welchen Grund haben die Probleme mit seiner Frau? Wie verhält er sich, nachdem er andere um Rat gefragt hat?*

3. *Sieh dir den Film* Crimson Tide – In tiefster Gefahr *(*Crimson Tide, *USA 1995) an. Hast du den Eindruck, dass in diesem Film Fragen aufkommen, die mit der Klugheit zu tun haben?*

Neuntes Kapitel

Ethik und Gemeinschaft – die Bedingungen des Glücks

Im sechsten Kapitel haben wir gesehen, dass der Mensch das Glück findet, wenn er im vollen Sinne Mensch wird, wenn er seine Natur verwirklicht. Im Unterschied zu den Tieren kann sich ein Mensch dafür entscheiden, ob er sich seiner Natur entsprechend verhält oder nicht. Hier die richtige Entscheidung zu treffen, ist die große Aufgabe jedes einzelnen Menschen. Wir haben auch gesagt, dass das höchste Ziel des menschlichen Lebens das Glück ist. Alles Übrige, was wir wollen, wollen wir nur um dieses höchsten Zieles willen. Der Mensch sehnt sich von Natur aus danach, glücklich zu sein; aber damit ist nicht gesagt, dass er es auch wirklich sein wird, weil er bei der großen Aufgabe seines Lebens scheitern kann. Das höchste Ziel, das Glück, erlangen wir nur, wenn es uns gelingt, Menschen zu sein. Und zu wahren Menschen werden wir, wenn wir unsere natürlichen Anlagen vollständig entwickeln.

Im siebten Kapitel haben wir sehen können, dass das Mittel, mit dem der Mensch seine Natur verwirklicht, die Freiheit ist. Es steht dem Menschen frei, seine Natur zu bejahen und anzunehmen; nur so kann er ein glücklicher Mensch werden. Im achten Kapitel haben wir uns dann mit der Schwierigkeit beschäftigt, in einer konkreten Situation zu bestimmen, was natürlich und richtig ist. Eine konkrete Handlung moralisch zu bewerten, heißt feststellen, ob sie im Einklang mit unserer menschlichen Natur steht oder nicht. Um diese Bewertung geht es in der Ethik. Deshalb können wir sagen, dass die Ethik die Theorie und Kunst ist, glücklich zu werden. Die Ethik ist die Kunst des guten Lebens.

1. Die subjektive und die objektive Seite des Glücks

Glück ist ein subjektiver Zustand der Zufriedenheit: Eine bestimmte Person ist glücklich, wenn sie sich innerlich erfüllt fühlt. Vergleichen wir einmal das Glück mit der Lust. Sowohl das Glück als auch die Lust haben eine subjektive Seite. Es gibt Menschen, denen die Musik von Ricky Martin großes Vergnügen bereitet; andere Menschen haben große Freude daran, Beethovens Neunte Symphonie zu hören. Vielen Leuten bereitet es große Lust, sich in einem Fastfood-Restaurant so richtig voll zu stopfen; anderen Leuten dagegen wird es davon schon beim Zusehen schlecht.

Das Glück ist etwas Subjektives, insofern es für einen ganz bestimmten Menschen gegeben ist, wenn er sich innerlich erfüllt fühlt. Die Lust und das Vergnügen sind aus einem anderen Grund etwas Subjektives: Lust ist ein Zustand des Wohlbefindens – ein Sonnenbad am Strand nehmen, ausgelassen in der Diskothek tanzen, ein erfrischendes Getränk genießen –, aber es ist immer nur ein vorübergehendes und begrenztes Wohlbefinden, das den Menschen nur teilweise zufrieden stellen kann. Keine auch noch so intensive Lust kann unsere unendliche Sehnsucht nach Glück erfüllen. Und daran liegt es auch, dass etwas, das dem einen große Lust bereitet, ihn in die größte Verzückung versetzt (etwa Michael Jackson auf der Bühne tanzen zu sehen), für den anderen eine Qual ist. Das Glück dagegen ist erst dann gegeben, wenn alle Wünsche des Menschen ganz erfüllt sind und der Mensch sich vollständig als Mensch verwirklicht hat. Weil aber alle Menschen über dieselbe menschliche Natur verfügen, können wir sagen, dass das Glück neben der subjektiven auch eine objektive Seite hat. Darin unterscheidet es sich von der Lust und dem Vergnügen. Das, was den Menschen glücklich macht, was ihm die Möglichkeit gibt, alle seine natürlichen Fähigkeiten zu entfalten, ist für alle Menschen dasselbe: Der Mensch besitzt eine unendliche

Fähigkeit, zu erkennen und zu lieben, und nur etwas unendlich Gutes ist in der Lage, diese Fähigkeiten zur Entfaltung zu bringen und den Menschen wirklich glücklich zu machen.

Glücklicherweise gibt es Dinge, die uns das Glücklichwerden erleichtern. Im fünften Kapitel haben wir gesehen, dass wir bestimmte Haltungen erwerben können, die Tugenden. Die Tugenden sind Bedingungen für das Glücklichsein. Das Leben gemäß den Tugenden hat zur Folge, dass es uns sogar Vergnügen bereitet, wenn wir das moralisch Richtige tun, wenn wir uns also unserer menschlichen Natur entsprechend verhalten. Die Tugenden machen es uns leichter, uns selbst als Menschen zu verwirklichen; und dadurch kommen wir auch unserem Glück näher. Damit wir aber ein Leben gemäß den Tugenden überhaupt führen können, müssen bestimmte *gesellschaftliche Bedingungen* erfüllt sein. Der Mensch ist nämlich von Natur aus ein soziales Lebewesen, und deswegen kann er sich nur innerhalb einer Gemeinschaft selbst verwirklichen. Die wichtigsten dieser gesellschaftlichen Bedingungen sind: dass es uns körperlich und materiell einigermaßen gut geht; und dass wir Freunde haben.

2. Körperliches Wohlbefinden und materieller Wohlstand

Definieren wir den Menschen als ein vernünftiges Lebewesen, dann dürfen wir dabei seine körperliche Dimension nicht außer Acht lassen. Der Mensch ist kein reiner Geist, so etwas wie eine Art Engel mit angehängtem Körper. Das Menschsein hat eine geistige und eine körperliche Seite. Folglich kann ein Mensch seine Natur nur dann ganz verwirklichen, wenn alle nötigen Grundlagen gegeben sind, damit der Körper seine lebenswichtigen Funktionen ausführt. Die geistigen Fähigkeiten können sich nicht voll entwickeln, wenn die elementaren körperlichen Bedürfnisse nicht befriedigt sind. Mit leerem Magen oder nur ein paar Stunden Schlaf denkt und entscheidet es sich nicht so gut.

Daraus folgt: Wenn alle Menschen ein Recht auf Glück haben, dann haben wir auch alle ein Recht auf wenigstens ein bisschen materiellen Wohlstand – weil wir anders kaum jemals zu Menschen im vollen Sinne werden können. Das bedeutet übrigens noch lange nicht, dass Glück und materieller Wohlstand ein und dasselbe wären. Unser Glück besteht nicht darin, wohlgenährt und ausgeruht zu sein wie ein verwöhntes Meerschweinchen. Was wir damit nur sagen wollen, ist, dass Nahrung, Kleidung und Erholung Grundvoraussetzungen eines unserer Natur angemessenen Lebens sind; wir können uns ohne sie nicht selbst verwirklichen.

Stellen wir uns einen Mann vor, der zehn Stunden am Tag in einer Fabrik arbeitet, wo er bei Kälte, schlechtem Licht und ohrenbetäubendem Lärm Schrauben anziehen muss. Doch damit nicht genug: Er verbringt außerdem jeden Tag drei Stunden nur damit, morgens zur Fabrik und abends nach Hause zu fahren. Und weil er trotz allem wenig Geld verdient, kann er sich nur schlecht ernähren und lebt in hygienisch bedenklichen Verhältnissen. Für seine kranke Mutter kann er nicht die nötigen Medikamente kaufen. (In Deutschland gab es im 19. Jahrhundert viele solcher Leute, und bei uns in Mexiko gibt es sie heute leider immer noch.) Dieser arme Mann wird große Schwierigkeiten haben, bestimmte Tugenden wie Heiterkeit und Freude an den Tag zu legen. Er kann auch nicht glücklich sein, weil ihm grundlegende Dinge fehlen, die seiner körperlichen Natur angemessen sind, wie die Aufnahme einer ausreichenden Menge an Proteinen oder ein Minimum an Schlaf. Ein solcher Mensch wird mit großer Wahrscheinlichkeit krank werden, denn er ist ständig einer unnatürlich hohen Belastung ausgesetzt.

Viele Bereiche der Gesellschaft, in der wir leben, sind so beschaffen, dass sie den Menschen ein glückliches Leben nicht besonders leicht machen. Dennoch kann man sein Glück nicht abseits der Gesellschaft finden. Wir können nicht glücklich werden, ohne an das Glück der anderen Menschen zu denken. Das ist nicht nur ein schöner Satz, sondern eine Tatsache: Der Mensch ist ein soziales Wesen, und deswegen kann er nur glücklich sein, wenn er ein soziales Leben führt. Unser Glück hängt vom Glück der anderen ab.

3. Freundschaft und Familie

Der Mensch ist ein Lebewesen, das von Natur aus für andere offen ist. Dennoch ist die Vorstellung, der Mensch sei von Natur aus egoistisch, weit verbreitet: »Der Mensch ist dem Menschen ein Wolf.« Zu einer solchen Verallgemeinerung mag einer kommen, der nur noch Augen hat für die zahlreichen Verbrechen, von denen wir täglich in der Zeitung lesen. Die gibt es leider wirklich; aber genauso steht fest, dass die überwiegende Mehrheit der Menschen nicht ständig damit beschäftigt ist, dem Nächsten ein Bein zu stellen. Die Mütter sorgen auch weiterhin für ihre Kinder. Der Handel ist nicht ein totaler Betrug. Den Ärzten geht es in der Regel darum, den Patienten zu heilen. Die Beziehungen der Menschen sind normalerweise nicht von völligem Misstrauen geprägt. Es gibt natürlich ein gewisses Misstrauen in den menschlichen Beziehungen; aber das Vertrauen überwiegt bei weitem. Wir nehmen ein Medikament ein, ohne große Angst zu haben, uns zu vergiften (obwohl sich viele Leute schon mit Medikamenten vergiftet haben); wir geben unsere Kreditkartennummer per Internet an Geschäfte weiter und gehen davon aus, dass sie uns nur das in Rechnung stellen, was sie uns auch liefern; wir fragen jemanden nach dem Weg und vertrauen darauf, dass er uns nicht absichtlich in die falsche Richtung schickt; wir besteigen ein Flugzeug und zweifeln nicht daran, dass der Pilot es fliegen kann; wir erzählen einer Freundin aus unserem Privatleben und vertrauen auf ihre Verschwiegenheit.

Das Leben in einer Gemeinschaft läuft auf drei Ebenen gleichzeitig ab. Die erste ist das Leben in der Familie. Der Mensch wird in eine Familie hineingeboren, im Unterschied zu vielen Mikroben, die sich durch Teilung vermehren, oder zu den Pflanzen, die aus Samenkörnern entstehen. Im Gegensatz zu einem Fohlen, das schon wenige Minuten nach der Geburt laufen kann, muss ein Kind über einen langen Zeitraum hinweg intensiv gepflegt werden. Für den Menschen ist die Familie die Kerngemeinschaft, in der er eine überaus wichtige Fähigkeit erwirbt – das Sprechen.

Eine zweite Ebene ist die der Freundschaft. Unsere Freunde, das sind Menschen, die sich für uns entschieden haben und für die wir uns entschieden haben; Menschen, die wir uns als Begleiter durch unser Leben erwählt haben.

Die dritte Ebene ist die der Gesellschaft insgesamt. Wir sind vor allem durch unsere Arbeit in sie integriert.

Jetzt wollen wir uns noch die vier wichtigsten Gründe vor Augen führen, warum der Mensch die Gemeinschaft nötig hat, um glücklich zu sein:

a) An erster Stelle deswegen, weil wir auf eine ganze Reihe von Zuwendungen und Hilfeleistungen angewiesen sind, die wir uns nicht selbst zuteil werden lassen können. Wer schwer krank ist, braucht jemanden, der ihm das Essen zubereitet; ein Baby braucht jemanden, der ihm die Windeln wechselt; und auch ein älterer Mensch braucht häufig jemanden, der sich um ihn kümmert. Sogar ein junger, kräftiger und gesunder Mensch wäre auf sich allein gestellt nicht in der Lage, all die Dinge zu erwerben, die ihm die Gemeinschaft zur Verfügung stellt. Das wichtigste dieser Dinge und das für das ganze menschliche Leben notwendigste haben wir schon erwähnt: die Sprache. Während ein Bär isoliert in einem Wald leben kann, ist der Mensch auch biologisch nur lebensfähig, wenn er in einer Gemeinschaft lebt; und Gemeinschaft unter Menschen gibt es nur dank der Sprache. Jemand wie Mowgli (aus dem *Dschungelbuch*) oder wie Tarzan ist doch eher die Ausnahme. Auch Robinson Crusoe hätte ohne die Kenntnisse, die er zuvor in der Zivilisation erworben hatte, nicht sehr lange überleben können. Die Vernünftigkeit, die in uns allen von Natur aus angelegt ist, kann sich ohne Sprache nicht entwickeln. Unsere Sprache erlernen wir aber nur in der Gemeinschaft. Wir kommen somit zu dem Ergebnis: Nur mit Hilfe anderer Menschen kann der Mensch seine Natur voll zur Entfaltung bringen; nur mit Hilfe anderer Menschen kann er ein echter Mensch werden.

b) Aber nicht nur unsere kommunikativen Fähigkeiten – und mit ihnen die Fähigkeiten unseres Verstandes – würden ohne den Kontakt mit anderen Menschen völlig verkümmern; ebenso erginge es unserer Fähigkeit, zu lieben und geliebt zu werden. Liebe und Zuneigung sind fest in unserer Natur verankert – es bedürfte einer übermenschlichen Anstrengung, niemanden zu lieben. Die Fähigkeit zu lieben gehört zu unserer natürlichen Ausstattung mit hinzu; außerhalb einer Gemeinschaft könnte sie sich nicht entfalten. Der Mensch ist von Natur aus auf Liebe und Zuneigung angewiesen – etwas, das es nur in der Gemeinschaft mit anderen Menschen gibt.

c) Der Mensch ist von Natur aus ein kulturelles Lebewesen. Die Errungenschaften der Kultur aber setzen die Gemeinschaft voraus. Um überleben zu können, braucht der Mensch ein Mindestmaß an kulturellen und technischen Produkten: Kleidung, Werkzeug für die Nahrungszubereitung, Waffen für die Jagd, Geräte für die Landwirtschaft, das Feuer. Die meisten dieser Produkte lassen sich nur in einer Gemeinschaft erzeugen. Viele Ziele, die der Mensch sich setzt, können nur verwirklicht werden, wenn sich mehrere Menschen zusammentun. Zum Beispiel kann ein einzelner Mensch unmöglich einen Staudamm bauen, um ein ganzes Tal zu bewässern: Dazu braucht er andere Menschen, die ihm dabei helfen. Ein einzelner Mensch kann keine Symphonie aufführen: Dazu braucht er viele Gleichgesinnte, die zusammen ein Orchester bilden.

d) Und schließlich lernt man auch die Tugenden (und die Laster) in der Gemeinschaft. So sagt ein spanisches Sprichwort: »Wer mit den Wölfen geht, lernt zu heulen.« Doch die Gemeinschaft erleichtert nicht nur den Erwerb von Tugenden und Lastern durch das Beispiel, das sie uns gibt; es gibt auch Tugenden, die man überhaupt nicht leben könnte, wenn es außer uns nicht auch andere Menschen gäbe. Beispiele dafür sind die Gerechtigkeit, die Barmherzigkeit, die Großzügigkeit oder die Treue.

Aus diesen vier Gründen ist es natürlich, dass die Menschen in einer Familie aufwachsen und später selbst Familien gründen; und dass die Menschen Freunde haben. Unter anderen Umständen wäre es ihnen gar nicht möglich, ihre Fähigkeiten zu entfalten. Anders könnten sie nicht das verwirklichen, was in ihrer Natur angelegt ist.

Nun stellt sich der Ethik als der Theorie des Glücks und Kunst des guten Lebens aber die Frage: Reichen all diese Güter, reichen Gesundheit, Wohlstand, Freundschaft und Liebe aus, um den Menschen wirklich glücklich zu machen? Wenn wir lange genug darüber nachdenken, dann werden wir diese Frage wohl verneinen müssen: Unseren unendlichen Drang nach Erkenntnis und unsere unendliche Sehnsucht nach Liebe können auch all diese Güter zusammen nicht erfüllen. Die Natur des Menschen ist nämlich noch größer: Sie ist für das Unendliche offen. Eine *Anthropologie* (Lehre vom Menschen), die den Menschen als auf Gott hin angelegt bestimmt, kann dieses Problem der Unzufriedenheit mit bloß endlichen Gütern lösen. Eine Lehre vom Menschen, die so tut, als ob es die religiöse Dimension unserer Existenz nicht gäbe, steht dagegen vor einem fast unlösbaren Problem. Denn ein echtes Glück ist für uns mit endlichen Gütern nicht zu haben. Die Ethik wäre nicht länger die Kunst, ganz und gar glücklich zu sein, sondern nur noch die Kunst, so glücklich zu sein wie möglich, da man nie ganz glücklich sein könnte. Im zweiten Teil des Buches werden wir die Vertreter einer solchen Ethik kennen lernen; ihnen zufolge geht es in der Ethik um das größtmögliche Glück einer möglichst großen Zahl von Menschen.

Unserer modernen Zivilisation ist es nicht gelungen, die Voraussetzungen dafür zu schaffen, dass alle Menschen – oder auch nur die meisten – ihre natürlichen Anlagen selbst verwirklichen können. Für diese Menschen kann die Religion eine Hilfe sein. Sie kann ihrem Leiden einen Sinn verleihen und ihnen die Hoffnung geben, dass sich ihre Sehnsucht nach Glück erfüllen wird. Das heißt nicht, dass wir darauf verzichten sollen, für eine gerechtere Gesellschaft zu kämpfen – für eine Gesellschaft, die die materiellen und geistigen Bedingungen herstellt, die ein Mensch braucht, um alle seine natürlichen Fähigkeiten voll entwickeln zu können. Die Religion darf man nicht als Flucht vor der Wirklichkeit verstehen, als eine Art Droge, die uns vergessen lässt, dass wir in einer ungerechten Gesellschaft leben, die wir verändern müssen. Ganz im Gegenteil, wer Gott verehrt, muss sich auch um sein Geschöpf, den Menschen, sorgen. Die Sorge um das Glück der anderen ist deshalb eine der wichtigsten Aufgaben des religiösen Menschen.

Zur Diskussion:

1. Warum kommt es in den Filmen über Gangster und Mafiosi am Ende fast immer zum Streit der Verbrecher untereinander? Glaubst du, dass die Komplizenschaft im Bösen auch eine Art von Freundschaft darstellt?

2. Wodurch zeichnet sich die wahre Freundschaft aus? Woran erkennt man deiner Meinung nach einen wahren Freund, eine wahre Freundin?

3. Aristoteles hat gesagt, dass ein Mensch, der sich ununterbrochen vornimmt, glücklich zu sein, nicht glücklich werden kann. Bei uns in Mexiko sagt ein Sprichwort: »Wer seinem Glück ständig auf den Puls fühlt, wird nie glücklich werden.« Kannst du das nachvollziehen? Woran liegt das wohl?

Zehntes Kapitel

Ethik und Politik

Im vorigen Kapitel haben wir gesehen, dass wir zur Entfaltung der eigenen Persönlichkeit, zu unserer Selbstverwirklichung als Mensch auf die Gemeinschaft angewiesen sind. Es ist nicht möglich, im Einklang mit unserer menschlichen Natur zu leben und zugleich die soziale Seite unserer Existenz zu vernachlässigen. Jetzt wollen wir uns noch kurz ansehen, welche Beziehungen es zwischen der Ethik und der Politik gibt, zwischen der Kunst des guten Lebens und der Kunst des guten Regierens.

1. Die Politik als Ethik im Großen

Einer verbreiteten Ansicht zufolge haben die Ethik und die Politik nichts miteinander zu schaffen. Seit Machiavelli (einem bedeutenden Denker der italienischen Renaissance) versteht man die Politik immer häufiger als eine allein von Nützlichkeit und Effizienz bestimmte Technik des Machtgewinns und Machterhalts. Disraeli, der mächtige Premierminister der englischen Königin Victoria, pflegte zu sagen: »In der Politik gibt es keine Ehre.« Viele denken auch heute noch so. Man glaubt, Politik sei Manipulation, sei die Fähigkeit, die andere Seite zu täuschen; im besten Fall verwechselt man die Politik mit der Kenntnis der wirtschaftlichen Gesetzmäßigkeiten. Jedenfalls hat die Ethik in der Politik nichts zu suchen.

Diese Auffassung ist aber aus zwei Gründen nicht richtig:

a) Die Grundlage der Ethik ist die menschliche Natur; unsere menschliche Natur ist aber in allen Bereichen des

Lebens dieselbe. Ob wir in einer Fabrik arbeiten, an der Universität studieren oder Verantwortung in der Regierung übernehmen – unsere menschliche Natur legen wir dabei nie ab. Wenn ich zum Abgeordneten gewählt oder zum Minister bestellt werde, höre ich dadurch nicht auf, ein Mensch zu sein. Alle unsere Entscheidungen, in welchem Bereich auch immer, tragen dazu bei, dass wir uns entweder als Mensch verwirklichen oder uns von unserer Natur, von unserem Menschsein entfremden. Die Politik ist da keine Ausnahme.

Weil jede politische Tätigkeit auf freien Handlungen des Menschen beruht, hat sie immer auch eine ethische Dimension. Wo immer der Mensch seine Freiheit ausübt, wo immer Entscheidungen getroffen werden, dort stellen sich unvermeidlich ethische Fragen. Der Mensch ist seiner Natur nach ein ethisches Lebewesen.

b) Einmal angenommen, die Politik hätte nichts mit der Ethik zu tun: Dann würde das bedeuten, dass das öffentliche Leben nichts mit dem Privatleben zu tun hat. Manche meinen in der Tat, dass die moralischen Einstellungen und Verhaltensweisen, die für unser Privatleben gelten, mit den Regierungsentscheidungen nichts zu tun haben. Ob ich mich betrinken darf oder nicht, ist eine ethische Frage und hat nichts mit der Regierung eines ganzen Volkes zu tun. Doch ist das wirklich wahr? Offenbar nicht, denn das öffentliche Leben wirkt sich sehr wohl auf das private Leben aus, und das private Leben auf das öffentliche. Ein Staat aus lauter betrunkenen Bürgern wird mit Sicherheit ernsthafte Probleme mit der Arbeitsleistung und infolgedessen mit seiner Wirtschaft haben. Das Privatleben beeinflusst durchaus – wenn auch vielleicht nicht unmittelbar – das politische Leben. Das beste Beispiel dafür ist die Armut, die auf das Konto so vieler korrupter Regierungsbeamter in Lateinamerika geht.

Es gibt allerdings auch Menschen, die ein Doppelleben führen – oder es zumindest versuchen. Das sind Leute von der Art des Dr. Jekyll / Mr. Hyde: In bestimmten Situationen sind sie anständig und gut, in anderen kann man sie als erbarmungslose Ungeheuer erleben. Solche Menschen sind zum Beispiel im Arbeitsleben unehrlich und bestechlich, regen sich privat aber fürchterlich darüber auf, wenn ihr Sohn das Schuljahr wiederholen muss, weil er beim Abschreiben erwischt worden ist. Ein solcher Fall ist auch der Schüler, der seine Lehrer betrügt, wo er nur kann, der es aber nicht fassen kann, wenn er von seiner Freundin betrogen wird. Ein solches Doppelleben schadet der eigenen Persönlichkeit; früher oder später wird sich der Einzelne für eines seiner »beiden Leben« entscheiden müssen. Die berühmte doppelte Moral kommt in Wirklichkeit gar nicht so häufig vor: Irgendwann entscheidet sich der Mensch für die eine oder für die andere Moral. So ergeht es zum Beispiel auch dem »Paten«: Er wendet seine menschenverachtende Mafioso-Moral schließlich auch im Privatleben an.

Die Politik ist also auch ein ethisches Thema, genauso wie die Medizin oder der Journalismus. Jede freie menschliche Tätigkeit hat eine ethische Dimension. Aber damit nicht genug, die Politik ist sogar auf eine besonders enge Weise mit der Ethik verbunden. Die Politik ist die Kunst des Regierens; und eine Regierung ist gut, wenn sie sich am Wohl aller Bürger orientiert. Ein Staat legitimiert (rechtfertigt) sich dadurch, dass er sich dieses Ziel setzt und es auch erreicht. Eine Regierung, der es nicht um das Gemeinwohl geht, ist unrechtmäßig – es handelt sich dann um eine Diktatur oder eine Tyrannei.

Das Wohl der Bürger hat zwei Seiten: eine geistige und eine materielle. Wenn es einer Regierung nur um den materiellen Wohlstand ihrer Bürger geht, dann liegt dem immer ein kurzsichtiges und verengtes Menschenbild zugrunde. Denn der Mensch ist von Natur aus ein vernunftbegabtes Lebewesen. Der Zweck des Staates ist es, dem Menschen zu ermöglichen, voll und ganz Mensch zu sein. Der Staat hat

Bedingungen herzustellen, unter denen seine Bürger sich in ihrem Menschsein entfalten und verwirklichen können – als körperliche und als geistige Lebewesen.

a) *Die materielle Seite*: Eine der wichtigsten Aufgaben des Staates besteht darin, die Voraussetzungen dafür zu schaffen, dass sich die Wirtschaft angemessen entwickeln kann und die dadurch gewonnenen Reichtümer gerecht verteilt werden. Wenn in einer Gesellschaft der Gegensatz zwischen Arm und Reich unermesslich groß geworden ist und ehrliche Arbeit nicht mehr ein würdevolles Leben garantiert, dann ist die Regierung an dieser Aufgabe gescheitert. Die Regierung muss Maßnahmen ergreifen, damit die Menschen ein würdevolles Leben führen können, wenn sie bereit sind, dafür zu arbeiten.

b) *Die geistige Seite*: Der Staat darf sich nicht damit zufrieden geben, seinen Bürgern eine ausreichende Menge an Kalorien und Proteinen zur Verfügung zu stellen, damit sie körperlich gesund bleiben. Ein Staat ist ja nicht so etwas wie ein großer Bauernhof, auf dem Menschen gemästet werden. Der Staat darf sich auch nicht so aufführen wie die römischen Kaiser, die ihre Untertanen mit »Brot und Spielen« abspeisten. Wer einem Menschen nichts anderes anzubieten hat als Speise, Trank und Unterhaltung, der behandelt ihn wie ein Tier; der nimmt dem Menschen seine Vernünftigkeit. Deshalb ist die Regierung ihren Bürgern gegenüber auch für die geistigen Güter verantwortlich, und zwar in zwei Bereichen:

aa) *Wissenschaft und Kultur.* Hier kommt es nicht darauf an, dass Staat und Regierung selbst die Wissenschaft lenken und als Kulturschaffende in Erscheinung treten, obwohl es auch das gegeben hat. Sie sollen vielmehr dafür sorgen, dass diese Güter allen Menschen zugänglich sind. Der Mensch hat – weil er ein vernunftbegabtes Lebewesen ist – ein Recht darauf, dass die Gesellschaft ihm die Entfaltung seiner Vernunftanlage ermöglicht. Deswegen soll die Regierung die Bereiche fördern, in denen sich unsere Vernunftanlage besonders gut entfalten kann: die Erziehung, die Künste, die wissenschaftliche und technologische Forschung.

bb) *Rechtsstaat.* Auch den Rechtsstaat soll die Regierung fördern. Unter einem Rechtsstaat verstehen wir einen Staat, in dem gerechte Gesetze herrschen, die auch wirklich angewendet werden. Eine wichtige Funktion der Gesetze ist es, schlechte Handlungen zu verhindern, nämlich Handlungen, die gegen die menschliche Natur gerichtet sind. Der Rechtsstaat schützt das Leben jedes einzelnen Menschen; Raubüberfälle etwa werden in einem Rechtsstaat bestraft. Ein Raubüberfall wird nicht nur deshalb strafrechtlich verfolgt, weil er sich störend auf das Zusammenleben der Menschen auswirkt, sondern auch deshalb, weil er einen Anschlag auf die Würde des Menschen darstellt (und insofern auch das Zusammenleben der Menschen stört).

Damit ist nicht gesagt, dass Recht und Ethik dasselbe sind. Nicht alle ethischen Gebote sind im Recht zusammengefasst. Das Recht bestraft im Wesentlichen all die äußeren Handlungen, die der Gemeinschaft Schaden zufügen; aber es bestraft nicht irgendwelche unvernünftigen Handlungen, die nur demjenigen einen Schaden zufügen, der sie ausführt. Und der Staat bestraft auch keine Gefühle. So werden zum Beispiel Eltern vom Staat verfolgt, wenn sie ihren Kindern schweren körperlichen Schaden zufügen; aber dafür, dass sie sich ihren Kindern gegenüber lieblos verhalten, kann sie der Staat nicht zur Rechenschaft ziehen. Wenn wir unseren Banknachbarn in der Schule hassen und uns freuen, dass er sitzen bleibt und dass seine Freundin mit ihm Schluss gemacht hat, ist das mit Sicherheit kein moralisches Verhalten. Aber im Strafgesetzbuch kommt dieser Fall trotzdem nicht vor.

Um es auf den Punkt zu bringen: Die Regierung soll mit den Mitteln des Rechtsstaates allen Bürgern die Möglichkeit geben, ihre natürlichen Anlagen und Fähigkeiten zu entfalten; sie soll die Tugenden attraktiv und die Laster abschreckend erscheinen lassen und es dem Menschen dadurch erleichtern, sich als Mensch selbst zu verwirklichen.

Zur Diskussion:

1 Sieh dir den Film Ein Mann für jede Jahreszeit *(*A Man for all Seasons, *Großbritannien 1966) an. Wie löst Thomas Morus das Dilemma zwischen Ethik und Politik? Glaubst du, dass für diesen Menschen die Ethik nichts mit der Politik zu tun hat?*

2. Findest du, dass der Staat mehr für die geistigen Werte, mehr für Bildung, Kultur und Wissenschaft tun sollte? Oder tut er in diesen Bereichen sogar zu viel und sollte sich mehr zurückhalten? Was sollte sich in der staatlichen Bildungs- und Kulturpolitik deiner Meinung nach konkret ändern?

3. Wähle nach dem Zufallsprinzip drei oder vier Zeitungsberichte aus dem Bereich Politik (Inland) aus und lies sie dir durch. Was, scheint dir, ist das wichtigste Anliegen der Politiker? Welche Ziele verfolgen sie? Woran bemerkst du das?

Zweiter Teil

Ethische Lehren

Einführung

Auf den folgenden Seiten wollen wir uns ansehen, wie einige Philosophen über die Ethik dachten. Du wirst dich sicher fragen: Warum ist es überhaupt nötig, die Ideen vergangener Autoren zu studieren? Darauf gibt es mehrere Antworten.

Zum einen, weil diese Denker – ob sie Recht hatten oder nicht, ist eine andere Frage – unsere Einstellung zur Ethik und damit unser Leben geprägt haben und immer noch prägen. Es ist leicht zu sehen, dass etwa die Philosophie von Karl Marx einen bestimmenden Einfluss auf das Leben vieler Menschen, auf viele gesellschaftliche und politische Ereignisse ausgeübt hat.

Zum anderen, weil die Beschäftigung mit verschiedenen Philosophien dazu beiträgt, dass wir die Fähigkeit zur Kritik und zur Argumentation entwickeln. Denn werden wir mit der Geschichte des philosophischen Denkens konfrontiert, so ist eine neutrale Haltung nicht möglich: Wir müssen ein Urteil fällen; wir müssen für die Wahrheit Partei ergreifen. Du musst lernen, die Wahrheit mit der Vernunft zu verteidigen und den Irrtum mit Gründen zu widerlegen. Philosophen irren sich, und ein wichtiger Teil der Bildung besteht darin, dass man Irrtümer erkennen kann. Philosophen irren sich aber nicht immer; es gehört auch zur Bildung, dass man die Wahrheit erkennen kann.

Wir sind uns sicher: Am Ende dieses zweiten Teils wirst du gemerkt haben, dass die hier vorgestellten Philosophen für unsere Kultur eine wichtige Rolle gespielt haben und noch immer eine wichtige Rolle spielen. Es ist wichtig, das verstanden zu haben, um nicht – wie das so häufig geschieht – vom Zauber einer neuen Lehre, eines Modepropheten oder eines Bestsellers hingerissen zu werden. Goebbels, der Propagandaminister von Hitler, hat einmal gesagt: »Wenn man eine Lüge nur tausendmal wiederholt, wird sie am Ende zur Wahrheit.« In der Philosophie könnte man nichts Falscheres sagen: Die Wahrheit ist wahr, und ein Irrtum ist falsch – egal ob im Munde des Nobelpreisträgers oder des dümmsten Dorftrottels.

Erstes Kapitel

Der moralische Relativismus: Sokrates und die Sophisten

1. Der historische Rahmen: Erziehung zur Demokratie

Das 5. Jahrhundert v. Chr. ist in Griechenland ein sehr dynamisches Zeitalter. Die Stadtstaaten wachsen; in einigen von ihnen festigt sich die Demokratie. In Athen erlangen alle freien Männer das Bürgerrecht: das Recht zu wählen und bei den politischen Angelegenheiten mitzureden. Auch der Handel entwickelt sich weiter. Athenische Schiffe bereisen das Mittelmeer. Im Hafen von Athen, in Piräus, gehen Schiffe aus weit entfernten Ländern vor Anker und bringen Ware, aber auch neuartige Ideen nach Griechenland. So wird der Bürger Athens mit anderen Religionen, mit anderen moralischen Werten und mit anderen Vorstellungen vom Leben konfrontiert.

Zugleich benötigt der Athener Bürger eine neue Erziehung. Um sich in der *Polis* durchsetzen zu können, muss er lernen, öffentlich zu reden; muss er lernen, seine eigenen Vorstellungen zu verteidigen, und zwar mit Gründen und Argumenten.

Diesem Bedürfnis kommen die Sophisten entgegen. »Sophist« kommt vom griechischen *sophós*, was so viel heißt wie »weise«. Die Sophisten sind Meister in der Kunst des Überzeugens, des Überredens, des Argumentierens. Die Sophisten bringen den jungen Griechen das Diskutieren bei. Sie wollen ihre Schüler in die Lage versetzen, ihre eigenen Ansichten mit Sprachgewalt und der Kraft des Arguments zu vertreten.

Diese neue Generation von Lehrern lebt davon, ihre

Überredungskunst an den Kunden zu bringen. Die alten griechischen Weisen wie Pythagoras oder Thales von Milet hatten sich im Gegensatz zu ihnen den Unterricht nicht bezahlen lassen.

2. Die Macht der Vernunft

Die Sophisten hatten bald begriffen, dass die logische Argumentation eine Macht darstellt und dass sie sich dazu einsetzen lässt, die Menschen zu täuschen. Ein wortgewandter Sophist konnte eine gute Handlung schlecht erscheinen lassen und eine schlechte Handlung gut. Es heißt, ein Sophist habe einmal von sich behauptet, er sei ein derart guter Lehrer, dass er seinen Schülern beibringen könne, jeden beliebigen Menschen von jeder beliebigen Sache zu überzeugen. Als nun einer seiner Schüler seine Lehrzeit bei ihm beendet hatte, sprach der zu ihm: »Ich werde dich davon überzeugen, dass du von mir kein Geld verlangst. Wenn ich dich überzeuge, dann wirst du nichts von mir verlangen, da ich dich ja davon überzeugt habe. Wenn ich dich nicht überzeuge, dann wirst du auch nichts von mir verlangen, weil du mir dann gar nicht beigebracht hast, wie man jemanden überzeugt.« Diese Macht des argumentierenden Verstandes ließ viele an der Existenz der Wahrheit zweifeln. Weil die Sophisten bereit waren, jedermanns Sache zu verteidigen und für jede beliebige Ansicht zu argumentieren, sofern sie nur dafür bezahlt wurden, verloren sie ihren Glauben an die Wahrheit.

Für gewöhnlich heißt es, die Sophisten hätten die griechische Kultur verdorben. Daran ist etwas Wahres, denn das Auftreten der Sophisten schwächte die religiösen Werte und die Traditionen, auf die sich die Stadtstaaten gründeten; ein ethischer Relativismus und Individualismus griffen um sich, welche dem kulturellen und politischen Leben Schaden zufügten. Auf der anderen Seite ist es aber auch wahr, dass die erzieherische Tätigkeit der Sophisten die griechische Welt in ein neues Zeitalter begleitete. Die Demokratie braucht gute Reden und gute Argumente. Andernfalls ist sie in Gefahr, in die Tyrannei abzugleiten. Die Sophisten waren Erzieher zur Demokratie.

Im Folgenden wollen wir kurz auf die Thesen einiger Sophisten eingehen.

3. Kallikles

Kallikles ist mit seinem Gedanken vom Recht des Stärkeren in die Geschichte eingegangen. Kallikles zufolge ist es weder möglich noch nötig, die Ethik durch eine Theorie zu begründen oder mit der Vernunft zu rechtfertigen. Gut ist etwas dann, wenn ich es tun kann; gerecht sein bedeutet nichts anderes als mächtig sein. Von Objektivität oder Universalität der Ethik zu sprechen, ist also völlig abwegig. Der starke Mensch rechtfertigt sein Verhalten nicht, er zwingt es dem Anderen einfach auf und schlägt jeden Widerstand nieder.

Kallikles sagt: »Die Natur selbst aber, denke ich, beweist dagegen, dass es gerecht ist, dass der Edlere mehr habe als der Schlechtere und der Stärkere mehr als der Schwächere. Sie zeigt aber in vielerlei Weise, dass sich dies so verhält, sowohl an den übrigen Tieren als auch an ganzen Staaten und Geschlechtern der Menschen: dass das Recht so bestimmt ist, dass der Bessere über den Schlechteren herrsche und mehr habe.«

Mit solchen Gedanken ist Kallikles ein Vorläufer Nietzsches (Kap. 9). In der Praxis ist seine Einstellung sehr verbreitet, auch wenn nur wenige es wagen, sie auf der theoretischen Ebene zu vertreten.

4. Gorgias von Leontinoi

Gorgias war unter seinen Mitbürgern sehr angesehen, weil seine Geschicklichkeit beim Reden und beim Überzeugen seiner Stadt viele Vorteile einbrachte. In die Geschichte eingegangen ist der Sophist Gorgias vor allem mit seiner Behauptung, dass das wichtigste und grundlegende Wissen das der Rhetorik, der Kunst des Überredens, sei.

Gorgias war der Meinung, dass das wahre Wissen und die wahre Macht in der Fähigkeit liegen, die anderen zu überzeugen. Ein Arzt zum Beispiel mag noch so fachkundig sein; wenn er jedoch seinen Patienten nicht davon überzeugen kann, die nötige Medizin einzunehmen, dann wird er ihn nicht heilen können. Ist der Patient nicht davon überzeugt worden, dass das verschriebene Medikament ihn heilen wird (oder ihn zumindest heilen könnte), dann ist der Arzt bei seiner Aufgabe, ihn zu heilen, gescheitert. In diesem Fall wäre es für den Arzt sehr nützlich gewesen, ein guter Rhetoriker zu sein, der weiß, wie man einen Patienten davon überzeugt, ein Medikament einzunehmen.

Um seine Zuhörer mit seiner Gelehrsamkeit zu beeindrucken, gefiel sich Gorgias darin, ihnen »Beweise« für absurde Behauptungen – wie etwa: »Nichts existiert« – vorzuführen.

5. Protagoras von Abdera

Protagoras wird die Formel zugeschrieben, dass der »Mensch das Maß aller Dinge« sei. Es ist nicht leicht herauszufinden, was genau Protagoras damit sagen wollte. Die meisten Gelehrten – zu ihnen zählt auch Aristoteles – glauben, dass er auf einen Subjektivismus und Anthropozentrismus hinauswollte. Das bedeutet, dass es für Protagoras überhaupt keine objektive Erkenntnis geben kann, da alles von meinem individuellen Urteil abhängt. Es gibt keine moralischen Gesetze von allgemeiner Verbindlichkeit und auch keine allgemein gültige wissenschaftliche Erkenntnis. Alles ist nur eine Frage von subjektiven, ganz persönlichen Urteilen.

Wenn einer sagt: »Das ist *deine* Wahrheit, aber ich habe *meine eigene* Wahrheit«, dann schließt er sich der Position des Protagoras an. Ihm zufolge ist nichts in einem objektiven Sinne wahr und nichts in einem objektiven Sinne falsch; wahr oder falsch ist etwas immer nur für den einzelnen Menschen – je nachdem, durch welche Brille wir es betrachten.

6. Sokrates

Dieser Philosoph aus Athen und Lehrer Platons begreift, dass die Sophistik die Grundlagen der Ethik zerstört. Der Relativismus (nach dem das Urteil über eine Sache ganz davon abhängt, durch welche Brille wir sie betrachten) und der Subjektivismus (nach dem das Urteil über eine Sache allein vom Urteilenden abhängt) zerstören das kulturelle und politische Leben. Aus diesem Grunde macht es sich Sokrates zur Aufgabe, die Sophisten zu widerlegen und eine Ethik zu begründen, die auf festen Fundamenten steht.

Heben wir einige Charakterzüge seines Denkens hervor:

a) *Die Mäeutik oder Kunst der Geburtshilfe.* Sokrates war der Sohn einer Hebamme, und auch er half auf seine Weise seinen Mitbürgern zu gebären; freilich keine Kinder, wie seine Mutter, sondern Ideen. Sokrates war äußerst scharfsinnig im Argumentieren. Durch gezieltes Fragen brachte er seine Gesprächspartner dahin, ihre ethischen Irrtümer einzusehen. Oft ließ er sie sich in einen Widerspruch verstricken; oder aber er widerlegte sie dadurch, dass er ihnen alle Konsequenzen vor Augen führte, die sich aus ihren

Ansichten ergaben. Eines seiner bevorzugten Mittel, die Athener von dem Glauben abzubringen, dass sie alles wüssten, war die Ironie. Die sokratische Ironie ist eine Art von Spott gegenüber der selbstherrlichen Eitelkeit der Sophisten, die sich ihres Wissens und ihrer argumentativen Fertigkeiten allzu sicher waren.

b) *Mangelndes Wissen als Ursache des Bösen.* Wenn Sokrates versuchte, die Athener zur Erkenntnis ihrer Unwissenheit hinsichtlich des Guten, Gerechten und Tapferen hinzuführen, dann deshalb, weil er die Unwissenheit für den Ursprung der schlechten Handlungen hielt. Die Menschen handeln schlecht, weil sie das Gute nicht kennen. Wenn ein Mensch weiß, worin das Gute besteht, dann – so glaubte Sokrates – kann er nicht anders als richtig handeln. Diese Ansicht nennt man auch den *sokratischen Intellektualismus*, wegen der großen Bedeutung, die Sokrates der Erkenntnis für das ethische Leben zuspricht. Was bei Sokrates noch nicht in den Blick rückt, ist die Freiheit des Menschen, der zwar um das Gute weiß, aber dennoch das Schlechte wählt.

c) *Der Begriff der Tugend.* Infolge seiner Betonung des Wissens in der Ethik geht Sokrates daran, die verschiedenen Tugenden zu definieren. Nur wenn wir wissen, was eine bestimmte Tugend ist, besitzen wir sie auch. Wenn wir nicht wissen, worin die Stärke besteht, können wir nicht stark sein. Sobald wir aber in der Lage sind zu definieren, was die Stärke ist, sobald wir also die Stärke erkannt haben, werden wir darum auch stark sein.

d) *Die Gerechtigkeit als Tugend.* Sokrates begreift, dass es besser ist, Unrecht zu erleiden als Unrecht zu tun. Das hat folgenden Grund: Wer Unrecht tut, der schadet damit zwei Personen zugleich, nämlich seinem Gegenüber und sich selbst. Wenn ein Mensch eine ungerechte Tat begeht, dann fügt er sich damit selbst Schaden zu, dann vergreift er sich an seiner eigenen Natur, dann macht er sich zu einem ungerechten Menschen. Wenn ein Mensch Unrecht tut, dann erwirbt er dadurch auf die Dauer einen ungerechten Charakter; dann verwundet er seine Seele, so wie sein Körper verwundet wird, wenn man ihn schlägt.

Zur Diskussion:

1. Sieh dir die Meldungen aus der Politik auf der ersten Seite einer Tageszeitung an. Bist du der Ansicht, dass auch heute noch die Sophistik angewendet wird? Hast du den Eindruck, dass die Rhetorik in der Politik noch immer eine wichtige Rolle spielt?

2. Schau dir den Film Die Unbestechlichen *(*The Untouchables, *USA 1986) an und erinnere dich an den sokratischen Intellektualismus. Scheint es dir, als handle Al Capone deshalb unmoralisch, weil er das Gute nicht kennt? Glaubst du, dass er aus Unkenntnis zum Kriminellen geworden ist? Was würde Sokrates diesbezüglich sagen?*

3. Überlege dir kurz, welches die Folgen des ethischen Relativismus für die Gesellschaft sind.

Zweites Kapitel

Die Kunst, zu genießen: Epikur

1. Die neue Welt des Hellenismus

Das klassische Griechenland war niemals ein Reich im modernen Sinne des Wortes gewesen. Was wir heute als Griechenland kennen, war damals eine Gesamtheit von unabhängigen Stadtstaaten, die häufig Kriege gegeneinander führten. Die Bürger einer jeden *Polis* waren stolz darauf, zu ihrer Stadt zu gehören, und die Religion spielte eine wichtige Rolle im bürgerlichen Leben. Jede Stadt hatte ihre eigenen Gesetze (eine Verfassung) und verehrte einen bestimmten Gott als ihren Stadtpatron. So wurde Athen von Athena, der Göttin der Weisheit, beschützt und die Stadt Argos von Hera, der Göttin der Treue. Religion und Politik waren eng verbunden.

Alexander der Große (gest. 323 v. Chr.) hat diese Welt grundlegend verändert. Dieser geniale Feldherr eroberte fast alle griechischen Städte, dazu das riesige Persische Reich, und vereinigte diese Gebiete unter seiner Herrschaft. Sein politisches Ideal war nicht mehr die klassische *Polis*, sondern das Weltreich. Dabei war Alexander eigentlich gar kein Grieche; er war ein nach griechischem Vorbild erzogener mazedonischer Barbar (vom griechischen *bárbaros*, »Nichtgrieche«). Kurz, Alexander zerstörte die politische Struktur der klassischen griechischen Welt.

Infolge dieses grundlegenden politischen Wandels gerieten die Griechen in immer engeren Kontakt mit den Sitten und Gebräuchen anderer Völker wie der Ägypter, Perser und Phönizier. Gleichzeitig kam es zu philosophischen Ermüdungserscheinungen und einem sich immer weiter verbreitenden Skeptizismus. In dieser Situation beschäftigten sich die Philosophen überwiegend mit praktischen, besonders mit ethischen Fragen. Auf den Verfall der klassischen griechischen Welt reagierten die Philosophen also mit einem immer größeren Interesse für die Kunst des guten Lebens, für die Kunst, glücklich zu sein. Die Fragen nach dem Ursprung und Prinzip des Kosmos dagegen traten damals in den Hintergrund.

2. Epikur: Leben und Werk

In diesem geschichtlichen Umfeld entsteht der Epikureismus. Epikur wurde im Jahre 341 v. Chr. geboren. Im Alter von vierunddreißig Jahren hatte er bereits seine Schule in einem Garten in der Umgebung von Athen gegründet. Während die von Platon gegründete Akademie und das von Aristoteles gegründete Lykeion streng organisierte Lehrstätten waren, in denen die Theorie im Mittelpunkt stand, war Epikurs Garten vor allem ein Ort, an dem die Menschen lernen sollten, glücklich zu sein. Das theoretische Leben interessierte Epikur nicht. Wenn er dennoch über die Natur der Dinge philosophierte, so einzig deshalb, um dadurch seine praktische Philosophie zu unterstützen. Die Natur und die Wirklichkeit zu erkennen, war ihm nur insofern wichtig, als eine solche Erkenntnis dazu dienen kann, glücklich zu sein: »Wenn uns nicht die Furcht vor den Himmelserscheinungen quälte oder die Furcht vor dem Tod – als könnte er uns irgendwie betreffen –, dazu die Tatsache, dass wir die Grenzen der Schmerzen und Begierden nicht kennen, so bedürften wir der Naturforschung nicht.«

3. Der atomistische Materialismus

Epikur ist ein materialistischer Philosoph. Die Wirklichkeit erschöpft sich im Materiellen, im Körperlichen, in den Atomen. Epikur greift die atomistische Lehre des Demokrit wieder auf, für den sich alles aus winzig kleinen und unteilbaren Teilchen zusammensetzt, die er »Atome« nannte (vom griechischen *átomos*, »unteilbar«). Auch für Epikur besteht die gesamte Wirklichkeit, einschließlich der Seele, aus materiellen Atomen. Diese Atome sind von Natur aus beweglich; ihre Bewegung macht die dynamische Wirklichkeit des Universums aus. Die Atome bewegen sich von selbst.

4. Freiheit und Materialismus

Wenn aber das Einzige, was es gibt, die Atome sind, die sich im Einklang mit den Naturgesetzen nach mechanischen Regeln bewegen – wo bleibt dann die menschliche Freiheit? Epikur stößt auf ein für den Materialismus typisches Problem: die Freiheit. Im strikten Sinne ist weder in Maschinen noch in Pflanzen oder Tieren Platz für die Freiheit. Die Freiheit setzt ein »Übersteigen« des Materiellen voraus. Frei sein setzt voraus, nicht von den mechanischen Gesetzen des Universums determiniert (bestimmt) zu sein.

Das Problem, vor dem Epikur hier steht, ist ein sehr schwieriges. Denn er hat zugestanden, dass das Universum so etwas wie eine riesige Maschine ist, die sich aus Atomen zusammensetzt, welche im Einklang mit physischen Gesetzen einander anziehen oder abstoßen. Das erinnert an die moderne Chemie, der zufolge die Atome sich entsprechend ihrer Struktur notwendig miteinander verbinden. Wenn aber auch die Seele etwas Körperliches ist, wie lässt sich dann die Freiheit erklären? Epikur greift zu einer List: Die Atome bewegen sich notwendig, aber sie unterliegen dabei winzigen Abweichungen. Diese Abweichung (*parénklisis* im Griechischen) ist der spezifische Ort der Freiheit. Das können wir uns vielleicht mit einem Vergleich klar machen. Wenn wir einen Menschen vom Eiffelturm hinabstoßen, so wird er notwendigerweise am Boden zerschellen; sein Sturz ist durch den Stoß, den wir ihm versetzen, und durch physikalische Gesetze determiniert. Dass aber sein Körper am Boden zerschellen muss, bedeutet nicht, dass seine Sturzbewegung unbedingt eine ideale Kurve beschreiben wird. Denn jener unglückliche Mensch könnte bei seinem Sturz zufällig leicht auf die eine oder andere Seite abgetragen werden; es könnte zu einer rein zufälligen Abweichung kommen, so dass er nicht, wie eigentlich zu erwarten wäre, am Punkt X aufschlägt, sondern zwei oder drei Meter rechts oder links davon. Die Abweichung, an die Epikur denkt, ist nicht durch notwendige Gesetze bestimmt, ist nicht determiniert. Es gibt deshalb einen Spielraum, in dem Ungewissheit herrscht, ein ganz kleines, der Bestimmung durch Naturgesetze entzogenes Feld. Dank dieses Spielraums kann der Mensch dem vollständigen Determinismus entkommen.

Epikur hat genau verstanden, dass es vergeblich wäre, Ethik zu betreiben, wenn in der Welt alles festgelegt, wenn das Schicksal der Dinge und des Menschen schon beschlossen wäre. Warum uns um unser Glück sorgen, wenn sowieso alles vorherbestimmt ist? Es liefe auf dasselbe hinaus, ob wir uns um unser Glück sorgten oder nicht: Wir wären in jedem Fall glücklich oder unglücklich, je nachdem, wie es unser Schicksal eben vorgesehen hat.

Diese Theorie Epikurs ist von größter Bedeutung, weil sie einen der wichtigsten Versuche darstellt, den Materialismus mit der Freiheit – und das heißt, mit der Ethik – zu vereinbaren.

5. Lust und Glück

Da der Mensch ein materielles Wesen ist, ist auch der Zweck seines Daseins ein materieller. Der Zweck des Menschen ist die Lust – so lautet die entscheidende These der epikureischen Ethik. Sinn und letztes Ziel unseres Daseins ist es, dass wir ein möglichst lustvolles Leben führen.

Wir dürfen den Epikureismus aber nicht mit einem primitiven Hedonismus verwechseln. *Hedoné* ist griechisch und bedeutet Lust. Für den primitiven Hedonisten besteht das Glück in der unkontrollierten Suche nach immer neuen Annehmlichkeiten; völlig zügellos gibt er sich den Genüssen des Lebens hin. Für einen solchen Hedonismus stehen Sprüche wie: »Lasst uns essen und trinken, denn morgen sind wir tot«, oder der Titel eines Liedes des französischen Sängers Serge Gainsbourg: *Sea, sex and sun*.

Epikur ist kein primitiver Hedonist. Er ist klug genug, um zu wissen, dass die unkontrollierte und vernunftlose Suche nach immer neuen Annehmlichkeiten am Ende zu Überdruss, Ärger und Leid führt. Nehmen wir ein Beispiel. Wenn jemand eine Vorliebe für *Cuba libre* hat, dann meint ein primitiver Hedonist, er müsse davon so viele trinken, wie er Lust hat, gegebenenfalls bis zum Umkippen. Ein Epikureer dagegen würde die folgende Überlegung anstellen:

Sich mit Rum zu betrinken, ruft zwar einen lustvollen Zustand hervor, der zwei bis drei Stunden andauert; am nächsten Tag aber hast du dafür sechs oder sieben Stunden lang Kopfschmerzen, Magenbeschwerden und Durst. Außerdem ist im Rausch die Gefahr größer, bei einem Streit oder einem Unfall verletzt zu werden oder jemand anderen zu verletzen, und das hätte unangenehme Folgen (im zweiten Falle: Gefängnis, Gewissensbisse, Geldverlust). Und wenn wir uns zu häufig betrinken, würden wir schließlich unsere Leber zugrunde richten und unsere Arbeit verlieren, und dann hätten wir kein Geld mehr übrig für weitere Besuche in der Cocktailbar. Deswegen ist das Betrinken nicht besonders gut dazu geeignet, uns Lust zu verschaffen. Die damit verbundene Lust ist zu kurz, zu kostspielig und das Risiko zu hoch, dass sie in Leid umschlägt. Es ist viel sinnvoller, maßvoll zu trinken, denn auch das bringt uns Lust und auf Dauer keinen Schmerz.

Die wahre Lust – so glaubt Epikur – liegt darin, dass wir so viel Leid, Unruhe und Ängste von uns fern halten wie möglich. Nach seinem Dafürhalten soll der Mensch deshalb ein gemäßigtes Leben führen, kein zügelloses. Die Sehnsucht nach sexueller Lust, nach dem Rausch des Alkohols, nach Reichtum, nach Auszeichnung und Ehre enthält zu viel Unzufriedenheit, zu viel Leid. Besser ist es, ein heiteres und ausgeglichenes Leben zu führen. Ein Leben ohne innere Unruhe führt zu beständiger Lust, während die exzessiven Vergnügen bald vorüber sind, worauf wir sie dann schmerzlich vermissen.

Epikur geht mit der Lust wirtschaftlich um. Wenn er zum gemäßigten Leben aufruft, so nicht deshalb, weil er es für tugendhaft hält. Ihm geht es um das richtige Streben nach Lust. Epikur überschlägt die Investitionen und kommt zu dem Ergebnis, dass es besser ist, in Unternehmen zu investieren, die kontinuierlich kleinere Erträge erwirtschaften, als sein ganzes Kapital in Unternehmen zu stecken, die große Gewinne versprechen, bei denen jedoch das Risiko groß ist, dass man alles verliert. Den besonders intensiven Lustzuständen, die schnell vorübergehen und noch größeres Leid verursachen, zieht Epikur die kleineren Annehmlichkeiten vor, die lange ohne unangenehme Nebenwirkungen genossen werden können.

Im Kapitel 6 werden wir sehen, wie die Ethik Epikurs vom Utilitarismus Benthams wieder aufgegriffen wird.

Zur Diskussion:

1. Warum, glaubst du, suchen die meisten Menschen wohl ihr Glück in der Lust?

2. Denkst du, dass man ein erfülltes Leben haben kann, wenn man ständig vor dem Schmerz flieht? Sind Leid und Opfer nicht immer auch in allen Tätigkeiten und Unterneh-

mungen des Menschen gegenwärtig? Kann man jemanden lieben, ohne bereit zu sein, sich für ihn aufzuopfern?

3. Warum ist es in bestimmten Fällen moralisch richtig, eine Lust auszukosten, und in anderen Fällen nicht?

Drittes Kapitel

Schicksal und Glück: die Stoa

1. Zenon von Kition: der Gründer

Im vorigen Kapitel haben wir über das kulturelle und politische Umfeld gesprochen, das sich im Anschluss an die Eroberungen Alexanders des Großen herausbildete. Obgleich es keinem der Nachfolger Alexanders gelang, das gesamte Reich – es erstreckte sich von Griechenland und Ägypten bis zu den Grenzen Indiens – unter seiner Herrschaft zu vereinigen, so wurde die klassische Welt doch nie wieder zu dem, was sie einmal gewesen war. Eine weltbürgerliche Gesinnung, aber auch der Skeptizismus und ein pessimistisches Lebensgefühl bemächtigten sich mehr und mehr der antiken Welt. Vor diesem Szenario betritt die stoische Philosophie die Bühne.

Der Name dieser geistigen Strömung geht auf den Ort zurück, an dem ihr Gründer, Zenon, seinen Philosophieunterricht abhielt. Zenon lehrte in einer Säulenhalle, die auf Griechisch *stoá* heißt. Zenon wurde um 333 v. Chr. in der Stadt Kition auf der Insel Zypern geboren.

Die Stoa war eine sehr einflussreiche und weit verbreitete Strömung; es lassen sich bei ihr sogar verschiedene Entwicklungsstufen unterscheiden. Wir wollen um der Einfachheit willen auf diese Einteilungen hier nicht eingehen. Wie bekannt die Stoa im Römischen Reich war, zeigt der Umstand, dass man die ersten christlichen Märtyrer anfangs für Stoiker hielt. Wir werden gleich sehen, was es mit dieser Verwechslung auf sich hat.

2. Der stoische Pantheismus

Wie die Epikureer haben sich auch die Stoiker nicht sonderlich für die theoretische Philosophie interessiert. Worauf es ihnen ankam, war zu lernen, wie man gut lebt: die Kunst, glücklich zu sein. Sie wandten sich der theoretischen Philosophie nur deshalb zu, weil sie nach einer Grundlage für ihre Ethik suchten, nach einem Fundament für ihre Lebenskunst. In einem gewissen Sinne verhält es sich heute ganz ähnlich. Die meisten Menschen interessieren sich nicht für die Theorie, sondern für das praktische Leben. Wenn sie etwas wissen wollen, so deshalb, weil es ihnen nützlich ist oder ihnen wenigstens nützlich zu sein scheint.

Die Stoiker neigen zum Pantheismus, das heißt zu der Auffassung, dass das ganze Universum von Gott durchdrungen ist. Das Wort »Pantheismus« kommt vom griechischen *pân*, »alles«, und *theós*, »Gott«: »Alles ist Gott.« Der Gott der Stoa ist kein geistiger Gott, sondern ein stofflicher Gott. Gott ist über das ganze Universum verteilt; er nimmt den ganzen Kosmos ein, ja er ist mit dem Kosmos identisch.

Das gesamte Universum besteht aus Materie. Es wird von einem Gesetz gelenkt, von einer Vernunft, einem *lógos* (das bedeutet im Griechischen »Vernunft«, »Regel«, »Wort« oder »Gesetz«). Die materielle Welt ist vom *lógos* durchdrungen und dieser *lógos* ist Gott. Mit anderen Worten: Wir alle sind von der Gottheit durchdrungen, weil wir alle Teil des Kosmos sind. Das Universum gleicht einem großen Organismus, der vom *lógos* gelenkt wird. Deswegen haben alle Dinge einen bestimmten Zweck; denn sie werden von dem überall im Universum anwesenden *lógos*-Gott gelenkt. Der Gott der Stoa ist das Gesetz des Kosmos, kein persönliches und geistiges Wesen. Gott ist das notwendige Gesetz des Universums, der schicksalhafte Lauf der Welt, die vorherbestimmte Materie. Im stoischen Universum ist für etwas Unbestimmtes, nicht Festgelegtes, für etwas Zufälliges kein Platz. Alles war immer schon beschlossene Sache.

3. Der Mensch und das Schicksal

Die Stoiker zogen aus ihrem Materialismus viel weitreichendere Konsequenzen als die Epikureer. Wenn alles schon feststeht, wenn das Schicksal aller Menschen schon beschlossen ist – was können wir da noch ausrichten? Die Antwort ist einfach: Wir können uns nur vom Schicksal treiben lassen, uns von den unabänderlichen Gesetzen, die den Kosmos lenken, mitreißen lassen. Wenn wir Widerstand leisten, wenn wir unser Glück aus eigener Initiative verwirklichen wollen, dann wird uns das Schicksal eben gegen unseren Willen mit sich fortreißen.

Einer der Stoiker hat geschrieben: Wenn ein Hund hinten an einen Wagen angebunden ist, so wird er fortgeschleppt und folgt dem Wagen. Wenn er dabei dem Wagen folgen will, dann tut er dies zwar notwendig, aber zugleich mit eigenem Willen. Wenn er dagegen dem Wagen nicht folgen will, dann bleibt ihm doch nichts anderes übrig, als es zu tun; nur dass er es jetzt gegen seinen Willen tut. Und so verhält es sich in Wirklichkeit auch mit den Menschen: Auch wenn sie nicht vorwärts gehen wollen, bleibt ihnen doch nichts anderes übrig, als genau dorthin zu gelangen, wohin sie das Schicksal treibt.

Der Mensch ist nicht seines eigenen Glückes Schmied; er ist nur ein Spielball der Gesetze des Kosmos. Das Beste, was er noch tun kann, ist, sich diesen Gesetzen zu unterwerfen, sie hinzunehmen und anzunehmen. Wir müssen uns davor hüten, Wünsche zu haben, Leidenschaften und Begierden. Die persönlichen Wünsche sind eine Quelle ständiger Unzufriedenheit, denn wenn sie nicht im Einklang mit unserem Schicksal stehen, werden wir sie uns niemals erfüllen können. Nehmen wir ein Beispiel: Wenn jemand so arm ist, dass er sich ganz sicher niemals ein Auto wird leisten können, nicht einmal einen alten, klapprigen Fiat Panda, dann sollte er es vermeiden, ein großer Autoliebhaber zu werden. Eine solche Leidenschaft wird ihm nichts als Schmerzen bereiten, weil es sein Schicksal ist, immer nur im Bus zu sitzen, während er von einem schnellen Sportwagen träumt. Das Vernünftigste, was er tun kann – so würde ein Stoiker sagen –, ist, seine Leidenschaft für Autos abzutöten: nicht mehr ständig nach Autos schauen, nicht länger von den neuesten Modellen schwärmen. Wenn er so seine Leidenschaft bekämpft, wird er irgendwann überhaupt kein Auto mehr besitzen wollen, und dann wird er auch nicht mehr darunter leiden, dass er sich keines leisten kann.

Dieses Verstummen der Leidenschaften nennt man *ataraxía*. Der Stoiker strebt nach Selbstbeherrschung, Unempfindlichkeit und Gleichmut; er versucht, seine Wünsche klein zu halten, um nicht unter ihnen leiden zu müssen. Für den vollkommenen Stoiker ist es einerlei, ob man ihm im Speisesaal eines Schlosses eine mit Kastanien gefüllte Wachtel in Austernsauce und französischen Wein serviert oder eine Bratwurst mit Bier in der Imbissstube. Ein vollkommener Stoiker hat weder Lieblingsspeisen noch andere Vorlieben.

Die Stoa empfiehlt uns ein einfaches Leben ohne Genüsse, ein maßvolles Leben, in dem wir Lust und Schmerz keine allzu große Bedeutung beimessen. Für den vollkommenen Stoiker macht es keinen Unterschied, ob er ein mächtiger Staatsmann oder ein bescheidener Bauer ist, ob er reich ist oder arm, ob er bei lebendigem Leibe verbrannt wird oder in Ruhe schlafen kann.

Das erklärt auch, warum viele Römer die christlichen Märtyrer für Stoiker hielten, als sie sahen, wie sie fröhliche Lieder sangen, bevor sie den Löwen zum Fraß vorgeworfen wurden. Aber der Schein trog. Der christliche Märtyrer sah seiner Hinrichtung mit Freude entgegen, weil er die Hoffnung hatte, dass er nach einer kurzen Zeit schwerer Schmerzen die Freuden des Himmels würde genießen können. Der Stoiker dagegen durfte sich überhaupt keine Hoffnung machen. Sein Schicksal riss ihn mit sich fort, und es war besser für ihn, dem Wagen des Schicksals bereitwillig hinterherzulaufen, als widerwillig hinter ihm hergeschleift zu werden.

Der stoische Gott ist kein persönlicher Gott; er ist das unpersönliche, namenlose Gesetz des materiellen Kosmos. Der Gott der Stoa ist das blinde Schicksal.

Zur Diskussion:

1. *Welche Rolle spielen deiner Meinung nach die Leidenschaften im menschlichen Leben? Wie gehst du selbst mit Leidenschaften, Wünschen und starken Gefühlen um?*

2. *Für den Buddhismus liegt die Vollendung der menschlichen Seele in einem Zustand völliger Ruhe und Wunschlosigkeit. In welchem Verhältnis, glaubst du, steht das buddhistische Nirwana zu der stoischen* ataraxía*?*

3. *Einer der wichtigsten Stoiker war ein römischer Kaiser: Marc Aurel. Versuche herauszufinden, welches sein Beitrag zur stoischen Philosophie war.*

Viertes Kapitel

Das Christentum und das Glück: Thomas von Aquin

1. Ein europäischer Professor

Mit unseren Vorstellungen vom Mittelalter verhielt es sich bis vor kurzem wie mit unserem Bild von der spanischen Kolonialzeit in Mexiko: Die drei Jahrhunderte zwischen der Ankunft der Spanier und der Unabhängigkeit von Mexiko waren, so dachten wir, ein dunkles Zeitalter, eine Epoche des Stillstands, ja des Rückschritts. Genau das dachte man auch vom Mittelalter. Inzwischen ist unser geschichtliches Bewusstsein offener geworden, gerechter und verständnisvoller. Wir haben erkannt, dass das koloniale Zeitalter wie auch das Mittelalter eine schöpferische und ideenreiche Zeit waren, eine Zeit voller Geschichte, ohne die das Zeitalter der Moderne nicht das geworden wäre, was es ist. Heute widmen sich die Forscher der interessanten Aufgabe, die Schätze des Mittelalters und die kulturellen Leistungen des Zeitalters der Vizekönige von Neu-Spanien (so nannte man Mexiko während der Kolonialzeit) wieder ans Licht zu bringen.

Einer der hervorragendsten Philosophen des Mittelalters war Thomas von Aquin (1224–74), der dem Orden der Dominikaner angehörte und in Köln Schüler des Albertus Magnus gewesen war, bevor er in Paris die Universitätslaufbahn einschlug. Seine Tätigkeit als Professor führte ihn in die Gegend von Rom, zurück nach Paris und schließlich nach Neapel. Sein Lehrer Albertus Magnus hatte in Padua, Köln und Paris studiert und in Hildesheim, Freiburg, Regensburg, in Straßburg und wieder in Köln unterrichtet – zwei wahrhaft europäische Professoren also.

Obwohl sich das philosophische Denken im Mittelalter bis dahin hauptsächlich an dem griechischen Philosophen Platon und an dem römisch-afrikanischen Kirchenvater Augustinus orientiert hatte, folgte Thomas von Aquin mehr noch der Philosophie des Aristoteles. Auf dieser Grundlage schuf er ein gewaltiges System einer an die Theologie anschließenden Philosophie.

2. Die menschlichen Handlungen und warum alle endlichen Güter dem Menschen nicht genügen

Thomas von Aquin erkennt, dass von all den Handlungen, die der Mensch ausführen kann, nur die *freien* Handlungen in den Bereich der Ethik fallen. Die Handlungen, die wir bewusst und frei ausführen, heißen »menschliche Handlungen«. »Handlungen des Menschen« dagegen sind solche Handlungen, die wir ohne Beitrag unseres freien Willens ausführen: das Verdauen, das Atmen oder das Wachsen zum Beispiel. Der Mensch hat die Fähigkeit, bei seinem Handeln ein Ziel zu verfolgen; ein Ziel, das er mit seinem Verstand erkannt hat. So heißt der Wille bei Thomas auch das »rationale Streben«, weil er auf etwas hinzielt, was die Vernunft als gut erkannt hat. Die Freiheit des Willens besteht darin, dass er von keinem Gut unwiderstehlich angezogen wird, sondern dass es der Mensch selbst ist, der mit seinem Willen unter den vielen Gütern diejenigen auswählt, die er will. Die einzelnen Güter – ein Stück Sahnetorte, ein Geldschein, eine Urlaubsreise – sind für den menschlichen Willen nicht unwiderstehlich. Der Mensch besitzt Willensfreiheit, weil er ein Stück Sahnetorte oder einen Geldschein wollen kann oder auch nicht wollen kann.

Der Wille zielt nur auf solche Güter, die der Verstand ihm vorlegt, oder einfacher gesagt: Wir wollen nur das, was wir auch kennen; niemand verliebt sich in jemanden, den er nicht kennt. In diesem Sinne ist der Wille vom Verstand abhängig. Wie kann es dann aber sein, dass wir uns von zwei Dingen für das geringere entscheiden, obwohl wir genau wissen, dass das andere einen höheren Wert besitzt (oder wie Thomas sagt: ein größeres Gut ist)? Das ist möglich, weil unser Wille bewirken kann, dass ihm der Verstand nur einen bestimmten Aspekt dessen zeigt, was der Wille auswählen möchte. Mit anderen Worten: Ich kann mich beim Gedanken an eine riesige Tüte Tortilla-Chips ganz auf das Angenehme konzentrieren und dabei versuchen zu vergessen, dass mir der Doktor verboten hat, so etwas zu essen. So ist es möglich, dass der Wille schwach ist und sich dem zuwendet, was sich ihm gerade als verlockend anbietet. Oder aber der Wille bleibt stark und hält sich zurück, um das Gut zu erlangen, das insgesamt gesehen besser erscheint – in diesem Falle die Gesundheit.

Am Vortag der Abschlussprüfung können wir am Strand in der Sonne liegen und einen Gin Tonic schlürfen, weil es der Wille vermag, den Verstand dazu zu bringen, dass er das Mathematikexamen vergisst und uns stattdessen nur daran denken lässt, wie angenehm es ist, den warmen Sand unter den Füßen zu spüren und sich vom Rauschen der Wellen einschläfern zu lassen. Im Grunde genommen haben wir das Examen nicht wirklich vergessen, doch der Wille ist so frei, dass er uns, sofern wir wollen, einfach nicht daran denken lässt.

Bei den Beispielen in diesem Kapitel ging es immer um die Entscheidung zwischen zwei Dingen, die in unterschiedlichem Maße gut sind. Doch ein bestimmtes Gut mag noch so groß und verlockend sein – nach Thomas von Aquin vermag es unseren Willen dennoch nicht zufrieden zu stellen. Der Wille des Menschen verlangt vielmehr nach einem unendlichen Gut. Weder der Reichtum noch das sinnliche Vergnügen, weder Macht noch Ruhm, nicht einmal – wie Aristoteles glaubte – das Betrachten der höchsten und ewigen Wahrheiten mittels der Wissenschaft können den Menschen mit dem Glück erfüllen, nach dem er sich von Natur aus sehnt. Unser Wille strebt letztlich nach einem unendlichen Gut, und nur ein unendliches Gut kann ihn auch zufrieden stellen.

3. Gott und das Glück

Wenn es aber in der Natur kein Gut gibt, welches die Wünsche des Menschen letztlich zu befriedigen vermag, dann scheint es, als seien wir zur inneren Unruhe verdammt, zur endlosen Suche nach einem Gut, das wir niemals erlangen können. Hier betont Thomas von Aquin, dass Gott dieses unendliche Gut ist, nach dem sich der Mensch sehnt; durch Erkenntnis und Liebe kann ein vernünftiges Wesen wie der Mensch zu ihm gelangen.

Im Denken des Thomas ist die Ethik untrennbar mit den anderen Teilen seiner Philosophie verbunden. Das letzte Ziel des menschlichen Lebens fällt mit dem *höchsten Sein* zusammen, das der Grund der Existenz von allem übrigen Sein ist. Ohne Gott gibt es für den Menschen kein vollkommenes Glück.

Wenn aber unser Wille nur die Güter wollen kann, die der Verstand ihm vorlegt (eben weil er sie als gut erkannt hat), und wenn unser endlicher und begrenzter Verstand gar nicht in der Lage ist, das unendliche Gut zu erkennen – muss dann unser natürliches Verlangen nicht ungestillt bleiben? Ist unsere Sehnsucht nach dem Glück vergeblich, weil wir das Glück gar nicht erreichen können? Thomas von Aquin kennt und zitiert den berühmten Satz des heiligen Augustinus: »Du hast uns auf dich hin geschaffen, Herr, und unruhig ist unser Herz, bis es Ruhe findet in dir, mein Gott.«

Nach Thomas von Aquin sind wir aber in der Lage, wenigstens etwas von der göttlichen Natur zu erkennen, wenn auch auf unvollkommene Weise. Wir können erkennen, dass er das unendliche Gut ist und das Einzige, das uns wirklich glücklich machen kann. Auch können wir uns, durch unsere Werke und mit der Hilfe Gottes, die Gemeinschaft mit Gott *verdienen* – in dieser Gemeinschaft mit Gott nämlich, in dem »Schauen Gottes von Angesicht zu Angesicht«, besteht nach Thomas das vollkommene Glück des Menschen. Welches Schicksal uns in der Ewigkeit erwartet, ob wir glücklich werden oder nicht, entscheidet sich in diesem Leben: Es ist in unsere Entscheidung gestellt.

4. Die Harmonie zwischen dem ewigen und dem natürlichen Gesetz

Die Ethik des Thomas von Aquin ist eine Theorie des Handelns, weil sie genau untersucht, auf welche Weise der Mensch zu erlangen versucht, was für ihn gut ist. Um sich das vollkommene Glück zu verdienen, muss der Mensch die Handlungen ausführen, durch die seine eigene menschliche Natur voll entfaltet und verwirklicht wird. Der springende Punkt dabei ist der, dass das Gesetz Gottes und das *natürliche Gesetz* sich ihrem Inhalt nach gar nicht unterscheiden, da die Natur Ausdruck des göttlichen Willens ist. Deshalb sind die Werke, die der Mensch vollbringen muss, wenn er das höchste Gut erlangen will, keine anderen als genau die Werke, die seiner Natur entsprechen.

Sehen wir uns dazu einen Vergleich an: Ein glänzender Architekt, ein Meister seines Faches, entwirft und baut ein Haus. Er richtet das ganze Haus zur Sonne hin aus, damit es darin nicht kalt wird; die Wasserleitungen für die Küche verlegt er möglichst weit vom Schlafzimmer entfernt, damit es dort nicht zu Belästigungen durch Feuchtigkeit und Küchengeruch kommt. Das ganze Haus ist nach vernünftigen Gesichtspunkten geplant. Wenn nun ein Mieter das Haus bezieht und zum Beispiel beschließt, die Wasserleitungen zu verlängern und die Küche in den Raum neben dem Schlafzimmer zu verlegen, so würde er aus den genannten Gründen eine Dummheit begehen – abgesehen davon, dass er den ursprünglichen Entwurf verändert. Ein solcher Mieter würde durch sein Verhalten zeigen, dass er mehr auf sich selbst vertraut als auf die Kenntnisse des Architekten. So ähnlich liegt der Fall beim natürlichen Gesetz: Die Welt hat eine Ordnung, die auf ihren Schöpfer zurückgeht, auf Gott. Diese Ordnung ist der Ausdruck des Willens Gottes. Wenn der Mensch eine Sünde begeht, dann verstößt er gegen die Ordnung der Natur; sein Verhalten ist gegen den Willen Gottes gerichtet, gegen seinen Plan und Entwurf. Wichtig ist, dass es sich weder beim Architekten noch bei Gott um einen Konstrukteur handelt, der nur seinen momentanen Launen folgt: Beide haben nach vernünftigen Maßstäben gebaut, der eine das Haus, der andere die Welt.

Wenn wir uns also bei allen Wünschen und bei allen unseren Leidenschaften vom Verstand und vom Willen leiten lassen sollen, so ist es dabei ein und dasselbe, diese natürliche Ordnung zu achten und dem Gesetz Gottes zu gehorchen; denn die Natur ist in der Philosophie des Thomas von Aquin der Ausdruck des Willens Gottes. Die Menschen müssen die natürliche Ordnung respektieren, um ganz glücklich zu werden. Deswegen dienen weder die totale Unterdrückung der Leidenschaften und Wünsche noch ihr unkontrolliertes Ausleben dem wahren Glück des Menschen – beides nämlich widerspricht seiner Natur. Wenn der Mensch nicht moralisch handelt, dann verstößt er nicht bloß gegen das ewige (das göttliche) Gesetz, sondern er fügt sich auch selbst Schaden zu; gerade indem er sich selbst Schaden zufügt, verstößt er gegen das ewige Gesetz, weil Gott für seine Geschöpfe nur das Beste will.

5. Freiheit und Vorsehung

Es liegt im Wesen des Menschen, dass er im Einklang mit seiner Natur frei handeln (und damit auch das Gesetz Gottes erfüllen) kann. Die übrigen Geschöpfe sind nicht dazu in der

Lage, anders zu handeln, als es ihnen ihre eigene Natur vorschreibt. Von allen Fähigkeiten des Menschen ist die Freiheit die wertvollste; sie macht den Menschen in gewisser Weise seinem Schöpfer ähnlich. Diese Freiheit wurde ihm zu dem Zweck verliehen, dass er in seinem Handeln seine menschliche Natur bewahrt; dass er sich frei dafür entscheidet, seiner menschlichen Natur entsprechend im Einklang mit seiner Vernunft zu handeln. Wenn er das tut, dann entscheidet er sich – so sagt Thomas – zugleich für seinen Schöpfer, weil die menschliche Natur ein Ebenbild der göttlichen Natur ist. Mit ein und demselben Willen will und liebt ein solcher Mensch sich selbst und will und liebt zugleich Gott.

Bei seinem Entwurf einer an die Theologie anschließenden Philosophie hat Thomas eine Reihe ganz unterschiedlicher Denker verarbeitet, angefangen bei den griechischen Philosophen, über die arabischen und jüdischen Philosophen des Mittelalters, bis hin zu den Vertretern einer christlichen Philosophie. Besonders hat er Aristoteles bewundert, wenn er auch nicht zögert, dessen Ansichten zu korrigieren, sofern es die Wahrheit erfordert. Was zum Beispiel die göttliche Natur betrifft, so ist Aristoteles der Auffassung, dass Gott nichts anderes tut, als sich selbst zu betrachten: Jede Ablenkung, so glaubt Aristoteles, würde ihn seiner Göttlichkeit und Vollkommenheit berauben. Im Unterschied dazu glaubt Thomas von Aquin, dass Gott ein »vorsehender« Gott ist, das heißt, dass er über seine Geschöpfe wacht, damit sie ihr Ziel erreichen. Obgleich Gott die Freiheit des Menschen respektiert, verhält er sich ihnen gegenüber doch nicht wie der aristotelische Gott, sondern wie ein Vater, der sich um seine Kinder sorgt. Die vorsehende Hand Gottes und die menschliche Freiheit schließen sich nach Thomas nicht aus, sondern wirken beide zusammen. Deshalb kommt es in der Ethik – die bei Thomas zugleich Lehre vom Glück ist – nicht allein auf den Willen des Menschen an; hinzu kommt die Liebe Gottes, seines Vaters, der alles will, was für seine Geschöpfe gut ist.

Der christliche Gott des Thomas von Aquin sorgt sich um das Glück eines jeden Menschen. Bei unserer Aufgabe, bessere Menschen zu werden, sind wir nicht allein; denn Gott ist es, dem am meisten an unserer Rettung liegt.

Zur Diskussion:

1. *Sieh dir den Film* Shadowlands – Ein Geschenk des Augenblicks (Shadowlands, *Großbritannien 1993) an. Würdest du daraufhin zustimmen, dass selbst ein rechtschaffenes Leben nicht ausreicht, um das Glück zu finden? Glaubst du, dass man zugleich ein rechtschaffener Mensch und ein Individualist sein kann – dass man ein moralisches Leben führen kann, ohne sich um das Leben der anderen zu kümmern? Ist es besser, wie die Stoiker dachten, niemanden zu lieben – um nicht eines Tages den Schmerz ertragen zu müssen, den geliebten Menschen zu verlieren?*

2. *Oder sieh dir den Film* Der Himmel kann warten (Heaven Can Wait, *USA 1978) an. Ist es mit dem Denken des Thomas von Aquin vereinbar, wenn ein Mensch lieber weiter auf der Erde lebt, statt in den Himmel zu kommen? Warum? Haben der Film und der heilige Thomas dieselbe Vorstellung vom Himmel? Wenn nicht, worin unterscheiden sie sich?*

3. *Wie verstehst du die folgende Aussage Jesu: »Was nützt es dem Menschen, wenn er die ganze Welt gewinnt, seine Seele aber verliert«? Würdest du sagen, dass das ethische Denken des Thomas von Aquin in diesem Satz gut zusammengefasst ist? Warum?*

Fünftes Kapitel

Die Pflicht um der Pflicht willen: Kant

1. Kants Leben und Werk

Immanuel Kant wurde 1724 in Königsberg geboren, einer Stadt in Ostpreußen, die heute zu Russland gehört. (Wir in Mexiko haben auch eine große Stadt gleichen Namens: Monterrey; *monte* ›Berg‹, *rey* ›König‹.) Dort war er später auch Professor an der Universität. Er wurde in der Tradition des Pietismus erzogen, einer Strömung des Protestantismus mit besonders strengen moralischen Vorstellungen, und führte ein ruhiges Leben: Er studierte, schrieb und unterrichtete; seine Heimatstadt hat er so gut wie nie verlassen. Er war nicht verheiratet. Im Alter war ihm kein Glück beschieden, denn Kant erblindete, verlor sein großartiges Gedächtnis und seine außergewöhnliche geistige Klarheit – was bei einem Philosophen besonders tragisch ist.

Seine Philosophie gilt wie die des Aristoteles als einer der großen Meilensteine in der Geschichte des abendländischen Denkens. Von seinen Schriften sind die drei »Kritiken« die bedeutendsten: die *Kritik der reinen Vernunft*, die *Kritik der praktischen Vernunft* und die *Kritik der Urteilskraft*, die in den Jahren 1781, 1788 und 1790 erschienen. Kant zu lesen, ist nicht leicht und setzt eine philosophische Schulung voraus, zumindest aber eine Einführung in die Begriffe, die er verwendet, und in die Themen, die von ihm behandelt werden.

Eine knappe Zusammenfassung von Kants Grundgedanken gibt das folgende berühmte Zitat: »Zwei Dinge erfüllen das Gemüt mit immer neuer und zunehmender Bewunderung und Ehrfurcht [...]: der bestirnte Himmel über mir und das moralische Gesetz in mir.«

2. Theoretische Voraussetzungen: die *Kritik der reinen Vernunft*

Wie bei den meisten großen Denkern hängt Kants Ethik oder (wie die Ethik auch heißt) »praktische Philosophie« eng mit seiner theoretischen Philosophie zusammen. Wir konnten schon sehen, wie selbst solche Denker, die sich ausschließlich für die praktische Philosophie interessierten – Epikur, Zenon von Kition – nicht darum herumkamen, sich wenigstens ansatzweise auch mit der theoretischen Philosophie zu beschäftigen. Es sollte uns daher nicht verwundern, wenn Kants Ethik auf vielen theoretischen Voraussetzungen beruht. Ohne eine gewisse Kenntnis dessen, was Kant in der *Kritik der reinen Vernunft* schreibt, lässt sich seine Ethik nicht verstehen.

a) Die *Kritik der reinen Vernunft* behandelt die Grundlagen der theoretischen Wissenschaften: der Mathematik, der Physik und der Metaphysik. Dabei kommt Kant zu dem Ergebnis, dass Mathematik und Physik wissenschaftlich betrieben werden können – wie schon die Tatsache beweist, dass in ihnen Fortschritte erzielt werden –, während die Metaphysik als Wissenschaft gar nicht möglich ist. Sie ist eine bloße Illusion, ein Trugbild der Vernunft. Unsere theoretische Vernunft verfügt nicht über die Fähigkeit, etwas zu erkennen, das nicht mit den Sinnen erfahren werden kann. Von Gott und der Seele gibt es keine theoretische Erkenntnis, weil wir sie nicht mit den Sinnen erfahren können. Niemand hat je Gott oder seine eigene Seele gesehen.

b) Es gibt keine im strengen Sinne objektive Erkenntnis. Für die antiken und mittelalterlichen Philosophen heißt Erkennen die Wirklichkeit betrachten, so wie sie ist. Für Kant heißt Erkennen, die Wirklichkeit durch unsere Kategorien (Grundbegriffe) zu betrachten. Für die antiken und mittelalterlichen Philosophen ist die Erkenntnis ein Die-Wirklichkeit-Sehen, für Kant ist sie ein Die-Wirklichkeit-durcheine-Brille-Sehen, nämlich durch unsere Kategorien. Wir erkennen die Wirklichkeit nicht, wie sie wirklich ist, sondern wie sie uns durch unsere Brille erscheint. Das bedeutet nicht, dass Kant ein Relativist oder ein Skeptiker wäre, für den es keine allgemein gültige Erkenntnis gibt. Mit der Maxime »Alles ist eine Frage des Standpunkts« wäre Kant überhaupt nicht einverstanden gewesen. Kants Philosophie ist keine Neuauflage der Ideen des Protagoras, weil er nicht behauptet, dass wir alle die Welt durch verschiedene Brillengläser oder in verschiedenem Licht sehen. Im Gegenteil, die Gläser unseres Erkennens haben alle dieselbe Brillenstärke und dieselbe Farbtönung. Alle Menschen haben dieselbe Brille auf der Nase. Daher kommt es, dass es nicht »meine Wahrheit« oder »deine Wahrheit« gibt, sondern nur »die Wahrheit«.

Wie für Aristoteles, der sagte: »Nichts ist im Verstand, das nicht durch die Sinne hindurchgegangen ist«, so beginnt auch für Kant alle Erkenntnis bei der Erfahrung. Aber damit wir überhaupt etwas erfahren können, bedarf es der Mitwirkung unseres Verstandes. Das erkennende Subjekt muss den Gegenständen der Erkenntnis seine eigenen Kategorien aufdrücken, die optischen Eigenschaften seiner Brille.

3. Metaphysik und Ethik

Kant ist sehr darum besorgt, den ethischen Relativismus zu vermeiden: die Ansicht, dass die moralischen Gebote nicht allgemein und objektiv gelten. Er begriff, dass der Empirismus seines schottischen Kollegen David Hume – für den die einzig gültige Erkenntnis die mit den Sinnen gewonnene war – zu genau diesem ethischen Relativismus führen musste. Der Empirismus muss die Ethik zerstören, da die moralischen Normen gerade nicht etwas sind, das man mit den Sinnen wahrnehmen kann. Die Ethik Kants ist ein Versuch, den skeptischen Empirismus von Hume zu vermeiden und an der allgemeinen Gültigkeit moralischer Gebote festzuhalten. Die Schlussfolgerungen, zu denen er in der *Kritik der reinen Vernunft* gelangt, erschweren ihm jedoch den Angriff auf Hume. Denn im Grunde genommen zeigt er sich dort vom Empirismus stark beeinflusst. Denken wir daran zurück, dass er nur die Mathematik und Physik Wissenschaften nannte; was die Metaphysik betrifft – in der es ja gerade um Erkenntnis geht, die nicht mit den Sinnen gewonnen wird –, kann nach Kant von wirklicher Erkenntnis keine Rede sein. Die Vernunft macht sich nur etwas vor, wenn sie Metaphysik für möglich hält.

Nach Kant ist es unmöglich, die menschliche Natur in einem umfassenden Sinne zu erkennen. Denn nur das Körperliche am Menschen, nur das mit den Sinnen vom Menschen Erfahrbare, kann uns eine solche Kenntnis unserer menschlichen Natur liefern. Ein wissenschaftliches und theoretisches Wissen vom Menschen ist Kant zufolge nur von seiner biologischen Natur möglich, die er mit den Tieren teilt – nur die können wir nämlich mit den Sinnen wahrnehmen. Die menschliche Seele ist kein Gegenstand für die Wissenschaft, weil sie nicht körperlich ist. Wissen gibt es nur von dem, was sich mit unseren Sinnen wahrnehmen lässt. Das reicht aber nicht aus, um Ethik zu begründen, weil die moralische Bewertung unserer Handlungen mit den Methoden der experimentellen Wissenschaften nicht gelingen kann. Ob eine Handlung gut ist oder schlecht, kann man nicht in einem Labor nachmessen; ein moralisches Gebot kann man auch unter dem Mikroskop nicht beobachten.

Und tatsächlich fand Kant heraus, dass der ganze Bereich des mit den Sinnen Wahrnehmbaren nicht ausreicht, um die Ethik zu begründen. Weil wir aber nach seiner Auffassung kein theoretisches Wissen von etwas haben können, das nicht sinnlich wahrnehmbar ist, muss er die Allgemeingültigkeit der moralischen Normen auf andere Weise erklären.

Die Ethik zu begründen, ohne sich dabei auf die Metaphysik zu stützen – das ist die große Herausforderung, der Kant sich zu stellen hat; das ist der *Salto mortale*, der ihm gelingen muss.

4. Die Erfahrung des Sollens

Kant glaubt, dass es eine unübersehbare – wenn auch keine mit den Sinnen wahrnehmbare – Tatsache gibt, mit der sich die Ethik begründen lässt: die Evidenz des moralischen Gesetzes. Das moralische Gesetz steht uns allen klar vor Augen. Oder anders ausgedrückt, wir alle machen die Erfahrung des moralischen Sollens, die Erfahrung eines an uns gerichteten Anspruches; deshalb wissen wir auch, dass wir frei sind, diesen Anspruch zu erfüllen oder nicht. Es gehört zum Menschen, dass er sich fragt, ob er bestimmte Handlungen ausführen soll oder nicht. Diese Erfahrung eines moralischen Anspruchs, eines Sollens, ist etwas so unmittelbar Gegebenes, dass man es nicht mehr eigens nachzuweisen braucht.

Kant sagt nicht, dass wir ein angeborenes Wissen davon besitzen, was wir in jedem bestimmten Augenblick, in jeder noch so schwierigen Situation tun sollen (zum Beispiel, ob ich in einer Diktatur meine Steuern zahlen soll oder nicht). Was Kant behauptet, ist, dass wir alle frei sind, dass wir alle vor der Möglichkeit stehen, unsere Pflichten zu erfüllen oder eben auch nicht. Der Mensch bewegt sich in einer Sphäre des Sollens, der die Tiere nicht angehören. Ein Löwe schlägt eine Gazelle, ohne sich dabei zu fragen, ob es gut ist, dass er damit ihre Kälber zu Waisen macht. Wenn er Hunger hat, geht er einfach auf die Jagd. Der Mensch dagegen weiß, dass er frei und Ursache seiner Handlungen ist, und eben dadurch gehört er der Sphäre des Sollens an. Auch der korrupteste Beamte wird sich irgendwann einmal in seinem Leben gefragt haben, ob er die Steuereinnahmen wirklich dazu verwenden soll, sich eine Villa in Acapulco zu bauen oder nicht. Und dieser Zweifel an der Richtigkeit unseres Tuns ist nur möglich, weil wir frei sind, uns für das eine oder das andere zu entscheiden. Das Pflichtgefühl, das heißt die Tatsache der Freiheit, steht völlig außer Frage. Dies ist der Ausgangspunkt der kantischen Ethik.

5. Der kategorische Imperativ

Dass wir unsere Pflicht erfüllen sollen, ist ein »kategorischer Imperativ«. Das bedeutet, dass wir das moralische Gesetz achten sollen, gleich ob es uns gefällt oder nicht, ob es uns Lust oder Schmerz bereitet, ob es sich für uns bezahlt oder uns arm macht. Wir sollen unsere Pflicht nur um ihrer selbst willen erfüllen. Wie wir sahen, hatte Kant begriffen: Jede Rückführung des moralischen Sollens auf etwas Empirisches muss die Ethik zerstören, weil die Welt des sinnlich Wahrnehmbaren keine objektiven und allgemein gültigen moralischen Gebote begründen kann. Was zum Beispiel dem einen Lust verschafft (etwa Rap zu hören), kann dem anderen furchtbar auf den Geist gehen; was für den Arzt nützlich sein kann (etwa ein Stethoskop), kann für einen Ingenieur völlig unnütz sein. Da aber Kant die Begründung der Ethik durch die Metaphysik ablehnt, muss er behaupten, dass die Moral »autonom« ist: Die moralischen Gebote sind kategorische Imperative, die sich aus sich selbst begründen. Ethische Erkenntnis folgt nicht aus irgendeiner anderen Art von Erkenntnis.

Ein kategorischer Imperativ ist ein Gesetz, das von uns verlangt, etwas Bestimmtes zu tun, und zwar nur deshalb, weil wir es laut Gesetz tun sollen; es verlangt von uns, dass wir etwas nur um seiner selbst willen tun; dass wir etwas nur deshalb tun, weil es in sich gut ist. Im Unterschied dazu verlangt ein »hypothetischer Imperativ« von uns, etwas aus einem anderen Grunde als nur um der Handlung selbst willen zu tun. Ein Beispiel für einen kategorischen Imperativ ist das folgende: »Lerne für deine Prüfungen, weil das in sich gut ist!« Ein Beispiel für einen hypothetischen Imperativ ist: »Lerne für deine Prüfungen; denn wenn du sie bestehst, schenke ich dir ein Auto!« Ein hypothetischer Imperativ ist in empirischen Umständen begründet: in die Diskothek tanzen gehen, nicht bestraft werden, ein Auto geschenkt bekommen. Die hypothetischen Imperative verpflichten niemals die gesamte Menschheit – sie sind niemals allgemein gültig –, weil nicht alle Väter ihren Kindern nach bestandener Prüfung ein Auto schenken können oder weil es vorkommen kann, dass ein Schüler überhaupt kein Auto haben will. Die Aufforderung »Lerne für deine Prüfungen, denn wenn du sie bestehst, schenke ich dir ein Auto!« gilt nur für einen Schüler mit reichen, großzügigen Eltern, der einen Führerschein besitzt und gerne ein eigenes Auto hätte. Das wäre aber noch keine moralische Regel, noch kein allgemeines ethisches Gesetz.

Damit etwas eine moralische Regel ist, muss die Aufforderung kategorisch sein: Erfülle das moralische Gesetz um seiner selbst willen; tue, was du sollst, weil es in sich gut ist, wenn du tust, was du sollst – und nicht, um irgendeinen Vorteil daraus zu ziehen. Ein solcher kategorischer Imperativ gilt dann unter allen Umständen und für alle Menschen.

6. Der kantische Formalismus

Aber wozu fordert mich eigentlich der kategorische Imperativ auf? Worin besteht meine Pflicht? Auf diese Fragen gibt Kant in seiner Moralphilosophie keine inhaltliche Antwort wie zum Beispiel »Du sollst das Leid in der Welt vermindern« oder »Du sollst immer deinen Vorgesetzten gehorchen«. Sein kategorischer Imperativ ist nämlich *formal.* Was man unter »formal« und »Formalismus« versteht, kann man sich am besten anhand der Mathematik klarmachen, die auch eine formale Wissenschaft ist. Zum Beispiel ist »2 + 2 = 4« eine formale Aussage, weil sie inhaltlich nicht bestimmt ist. Es spielt keine Rolle, ob wir Äpfel, Länder oder Menschen zusammenzählen: 2 + 2 ergibt in jedem Falle 4.

Mit dem kategorischen Imperativ möchte Kant das moralische Gesetz auf eine solche Weise zum Ausdruck bringen, dass es unter allen möglichen Umständen, zu jeder Zeit und für jede mögliche Handlung gilt. Deswegen formuliert er den kategorischen Imperativ als eine rein formale Regel: »Handle nur nach derjenigen Maxime, durch die du zugleich wollen kannst, dass sie ein allgemeines Gesetz werde«, oder etwas weniger kompliziert ausgedrückt: Handle so, dass der Grundsatz, nach dem du dich dabei richtest, auch für alle anderen Menschen gelten könnte. Diese Regel ähnelt einer mathematischen Formel, die immer gültig bleibt, egal was man in sie einsetzt. Wie 2 + 2 immer 4 ergibt und daher 2 Äpfel + 2 Äpfel = 4 Äpfel sind, so lässt sich auch der kategorische Imperativ auf jede mögliche Situation anwenden. Wenn ich vor der Entscheidung stehe, ob ich die Wahrheit sagen oder lügen soll, dann muss ich prüfen, ob die Richtschnur meines Handelns für alle Menschen gelten könnte. Wenn ich beispielsweise dazu neige, nach dem Grundsatz zu handeln: »Ich darf in bestimmten Situationen lügen« (etwa wenn es mir einen Vorteil verschafft), so muss ich mich fragen: Wäre die Kommunikation zwischen Menschen überhaupt noch möglich, wenn alle nach diesem Grundsatz verfahren – wenn alle zu ihrem Vorteil lügen? Nein. Deshalb kann die Lüge keine allgemeine Verhaltensregel sein, und darum kommt es nicht in Frage, dass ich lüge. Allein der Grundsatz: »Ich sage immer die Wahrheit«, kann – so meint Kant – für alle Menschen gelten.

7. Gott und die Seele

Doch wie wird der Mensch glücklich? Der kategorische Imperativ hat mit unserem Glück ja nichts zu tun. Es tut nichts zur Sache, ob ich damit glücklich werde oder nicht, wenn ich mich nach dem kategorischen Imperativ richte – der kategorische Imperativ gilt immer und ohne jede Ausnahme. Ein moralisches Leben und ein glückliches Leben sind nach Kant zwei verschiedene Paar Schuhe. (Aristoteles – erinnerst du dich? – hatte genau das Gegenteil behauptet; ein guter Mensch werden zu wollen und glücklich sein zu wollen, waren für ihn dasselbe.) Kant sagt nur, dass ein moralisch guter Mensch »des Glückes würdig« ist; dass er es verdient, glücklich zu sein. Und weil es unsinnig wäre, dass ein des Glückes würdiger Mensch nicht auch tatsächlich das Glück erlangt, weil es ungereimt wäre, wenn ein moralisch guter Mensch nicht auch ein glücklicher Mensch wird, muss es jemanden geben, der den moralisch guten Menschen nach seinem Tode mit dem Glück belohnt. Das setzt zum einen voraus, dass der Mensch über eine unsterbliche Seele verfügt, und zum anderen, dass es einen Gott gibt, der den Widerspruch zwischen Glück und Moral in einem Leben nach dem Tode versöhnt, indem er den guten Menschen glücklich macht.

Kant bejaht die Existenz Gottes und die Unsterblichkeit der Seele als einen, wie er sich ausdrückt, *praktischen Glauben*. Das ist mehr als ein religiöser Glaube; doch ist es kein wissenschaftlicher Beweis und keine philosophische Herleitung. Es bedeutet, dass wir in unserem praktischen Leben *davon ausgehen* müssen, dass wir einmal glücklich sein können, was ohne die Unsterblichkeit der Seele und Gott nicht möglich wäre. Wie du vielleicht merkst, ist dieser *praktische Glaube* einer der schwächsten und am wenigsten überzeugenden Punkte der kantischen Ethik. Es handelt sich dabei nicht um den religiösen Aspekt der Moral, von dem im ersten Teil unseres Buches die Rede war; aber genauso wenig handelt es sich eigentlich um einen philosophischen Aspekt, weil dieser Glaube weder in der Wirklichkeit noch in der menschlichen Natur fest verankert ist. Die Ethik Kants schwebt damit sozusagen im leeren Raum, wo sie an dem seidenen Faden eines zweifelhaften Arguments hängt. Viele Philosophen haben Kant deswegen vorgeworfen, dass seine Ethik auf tönernen und zerbrechlichen Füßen stehe; eine Ethik muss, so meinten sie, solider begründet werden. Manche Kritiker haben Kant wegen dieses Schwachpunktes in seiner Ethik sogar mit einem Taschenspieler oder mit einem jonglierenden Seiltänzer verglichen, der an zwei nur schwierig miteinander zu vereinbarenden Dingen zugleich festhält: zum einen an einer objektiven Ethik und zum anderen an der Unerkennbarkeit Gottes, der Seele und der Welt, wie sie wirklich (»an sich«) ist.

Zur Diskussion:

1. Lies die Tragödie Antigone *von Sophokles [in Reclams Universal-Bibliothek, einsprachig und zweisprachig, Nr. 659 und 7682] und versuche zu erklären, worin der Konflikt zwischen den ewigen Gesetzen und den Gesetzen der Stadt besteht. Muss ein Gesetzgeber über ethisches Wissen und eine Kenntnis der menschlichen Natur verfügen, oder kann er Gesetze einfach beschließen oder alle Bürger über sie abstimmen lassen?*

2. Kritiker haben der kantischen Ethik eine übermäßige Strenge vorgeworfen. Der kategorische Imperativ, hat man gesagt, ist »mit Blut geschrieben« (Heinrich Heine) und »riecht nach Grausamkeit« (Friedrich Nietzsche). Was ist deine Meinung dazu?

3. Wie würde es ein Anhänger der Ethik Kants beurteilen, wenn jemand seinen Ehepartner verlassen will, weil er keine Liebe mehr für ihn verspürt?

Sechstes Kapitel

Der Utilitarismus und das Glück: Bentham

1. Utilitarismus und Pragmatismus

Jeremy Bentham gilt üblicherweise als der Vater des *Utilitarismus*, einer mächtigen philosophischen Strömung. Diese Bewegung hat nicht nur einen großen Einfluss auf die Ethik ausgeübt (und übt ihn immer noch aus), sondern auch auf die Politik und die Wirtschaft, besonders in der englischsprachigen Welt. Das lag an der hohen gesellschaftlichen Stellung ihres Gründers wie auch ihrer wichtigsten Anhänger, etwa James Mill (1773–1836) und John Stuart Mill (1806–73), die es ihnen erlaubte, Einfluss auf die Regierung Englands zu nehmen. Später hat die Bewegung des *Pragmatismus* in Nordamerika einige wichtige Gedanken des englischen Utilitarismus aufgegriffen.

Der nordamerikanische Pragmatismus behauptet, dass die Wahrheit praktisch ist: Etwas ist wahr, wenn es nützlich ist, wenn es erfolgreich ist und entsprechende Ergebnisse hervorbringt. Die berühmtesten Vertreter des Pragmatismus waren Charles Sanders Peirce (1839–1914), William James (1842–1910) und John Dewey (1859–1952).

Sowohl der Utilitarismus als auch der Pragmatismus sind vielschichtige philosophische Strömungen. Man hat sie häufig verzerrt und vereinfacht dargestellt. Heute bestimmen solche vereinfachte Formen des Pragmatismus und Utilitarismus das Verhalten von Millionen von Menschen. Unsere Gesellschaft ist von diesen beiden philosophischen Richtungen zutiefst geprägt worden. Wir wollen sie nicht eingehender untersuchen, sondern lediglich den englischen Utilitarismus im Umriss darstellen, so wie er von seinem Gründer entwickelt wurde.

2. Jeremy Bentham

Bentham wurde 1748 in England geboren und starb im Jahre 1832. Er besaß eine umfassende Bildung und interessierte sich für Politik und öffentliche Verwaltung. Nicht zuletzt waren seine Gedanken und sein Einsatz entscheidend für die Reform des Strafvollzugs in England, der bis dahin besonders unmenschlich war und die Gefängnisinsassen erst recht zu Kriminellen werden ließ.

Ein wirklich origineller Philosoph war Bentham nicht. Du wirst es merken, fast alle Ideen des Utilitarismus von Bentham wurden bereits von Epikur vertreten. Das Verdienst von Bentham liegt eher darin, den Epikureismus in eine moderne Sprache übersetzt und ihn auf die Probleme seiner Zeit angewendet zu haben.

Wie viele andere englische Philosophen ist Bentham ein Empirist. Für die Empiristen ist die wichtigste Form der Erkenntnis die Wahrnehmung mit den Sinnen. Das ganze menschliche Wissen gestaltet sich nach dem Vorbild der Naturwissenschaften und der Mathematik. Man kann die Ethik Benthams nicht verstehen, wenn man vergisst, dass er ein Empirist ist.

3. Die Lust als Ausgangspunkt

Der Utilitarismus geht von der Beobachtung aus, dass jeder Mensch von Natur aus nach Lust strebt und Schmerzen meidet. Bentham schrieb: »Die Natur hat die Menschheit unter die Herrschaft zweier souveräner Gebieter gestellt, den Schmerz und die Lust [...]; sie beherrschen uns in allem, was wir tun, was wir sagen und was wir denken. Jegliche Anstrengung, die wir auf uns nehmen können, um unser Joch von uns zu schütteln, wird lediglich dazu dienen, es zu beweisen und zu bestätigen.« Mit anderen Worten, alle unsere Handlungen zielen darauf ab, dem Schmerz zu entkommen und es uns angenehm zu machen. Wenn wir unserer Mutter ein Geschenk machen, wenn wir Chemie studieren, wenn wir tanzen gehen, wenn wir morgens aufstehen, um zur Arbeit zu gehen, wenn wir unserer Freundin verzeihen, wenn wir uns um unsere Schwester Sorgen machen, in allem, was wir auch immer tun, suchen wir das Angenehme (das Lustvolle) oder meiden das Unangenehme.

»Lust« ist für Bentham ein sehr weiter Begriff. Essen und Sex sind nicht das Einzige, was Lust bringt, und nicht einmal das Wichtigste. Musik hören, ein gutes Buch lesen, sich gut fühlen, weil man ein Almosen gegeben hat, die Zufriedenheit, die sich einstellt, wenn man seine Pflicht getan hat – all das bringt auch Lust. In allem, was der Mensch denkt, wünscht und tut, greift er nach Lust und flieht vor dem Schmerz. Ein Mensch tut nichts, was ihm nicht irgendeine Befriedigung einbrächte.

4. Die Lust als Merkmal des Moralischen

Was ist das Gute? Das, was Lust bringt, oder besser gesagt: das, was die größte und am längsten andauernde Lust bringt. Eine Handlung ist umso besser, je mehr Lust sie uns verschafft. Bentham war der Ansicht, dass eine Lust zwei Eigenschaften aufweisen muss, damit sie wirklich eine gute Lust ist: *Reinheit* und *Fruchtbarkeit*.

a) Unter *Reinheit* der Lust versteht Bentham, dass sie nicht mit Schmerz vermischt ist. Eine völlig reine Lust ist eine Lust, die keinerlei Schmerz mit sich bringt oder nach sich zieht; eine unreine Lust ist eine Lust, die von Schmerzen begleitet wird. Der Konsum harter Drogen (Morphium, Kokain usw.) zum Beispiel ist eine unreine Lust, weil der Rausch, den diese Drogen verursachen, unmittelbar einen Kater zur Folge hat, eine Verschlechterung des körperlichen und geistigen Gesundheitszustands, und weil sie außerdem abhängig machen. Musik zu hören, egal ob Beethoven oder die Backstreet Boys, ist dagegen eine reine Lust, weil sich niemand übergeben muss oder Magenkrämpfe bekommt, nachdem er sich Beethovens Fünfte Sinfonie oder die neueste CD der Backstreet Boys angehört hat.

b) *Fruchtbarkeit* einer Lust bedeutet, dass sie weitere und andere Lust mit sich bringt, dass sie uns in die Lage versetzt, einen noch größeren Lustgewinn zu erzielen. So ist beispielsweise der Konsum von Kokain eine unfruchtbare Lust, weil er uns die Möglichkeit nimmt, viele andere lustbringenden Dinge zu genießen, wie etwa körperliche Gesundheit und geistige Ausgeglichenheit, Reichtum und Erfolg im Beruf oder gesellschaftliches Ansehen. Ein Weinexperte dagegen – der mit einem Trinker und Alkoholiker nicht zu vergleichen ist – pflegt eine fruchtbare Lust; denn einen sehr guten Wein zu kosten, erleichtert den vollen Genuss anderer sehr guter Weine. Ein Weinexperte kann Wein genießen und wird manchmal auch noch dafür bezahlt. Wein zu kosten, ist eine fruchtbare Lust.

5. Das Nützlichkeitsprinzip oder das Prinzip des größten Glücks

Die Handlungsregel, die sich von der »größten Lust« und dem »größten Glück« leiten lässt, ist als Nützlichkeitsprinzip oder Prinzip des größtmöglichen Glücks bekannt. Dieses Prinzip gilt laut Bentham nicht nur für den einzelnen Menschen, sondern auch für die Gemeinschaft: Es ist unsere Pflicht, das größtmögliche Glück für die größtmögliche Zahl von Personen herbeizuführen. Daher kommt die weit verbreitete Vorstellung, dass der einzige Zweck des Staates darin besteht, den materiellen Wohlstand der Bürger zu sichern und zu vermehren.

Eine Handlung ist gut, insofern sie die Lust vermehrt und den Schmerz mindert; eine Handlung ist schlecht, insofern sie die Lust mindert und den Schmerz vermehrt. Das Prinzip des größtmöglichen Glücks besagt, dass die Handlung die bessere ist, die ein größeres Glück über einen größeren Zeitraum hinweg und für eine größere Anzahl von Personen herbeiführt. Der Alkoholismus eines Familienvaters zum Beispiel wäre nicht die beste Handlung, weil ihn der Alkohol nicht besonders glücklich macht, weil er nicht den ganzen Tag dem Alkohol frönen kann und weil er damit seiner ganzen Familie Leid zufügt. Und deshalb sind auch die Handlungen, die zum Alkoholismus führen, keineswegs die bestmöglichen Handlungen; es sind keine *nützlichen* Handlungen.

Für Bentham sind Lust, Glück und Nützlichkeit dasselbe. »Unter *Nützlichkeit* ist jene Eigenschaft an einem Objekt zu verstehen, durch die es dazu neigt, Gewinn, Vorteil, Freude, Gutes oder Glück hervorzubringen, oder [...] vor Unheil, Leid, Bösem oder Unglück zu bewahren.«

6. Die Arithmetik der Lust

Die Kunst des guten Lebens besteht nach Bentham darin, dass wir die Lust berechnend abwägen, die wir durch bestimmte Handlungen uns und der Gemeinschaft aller Menschen verschaffen. Das Ziel dabei ist, eine möglichst große Menge an Lust über einen möglichst großen Zeitraum herbeizuführen. Sehen wir uns ein Beispiel an: Wenn ein arbeitsloser Arzt kein Geld hat, aber Geld braucht, um ein angenehmes Leben zu führen, dann kann er zwei Dinge tun: eine Bank ausrauben oder eine Anstellung finden. Um sich zwischen diesen beiden Möglichkeiten zu entscheiden, wird der arbeitslose Arzt eine Rechnung anstellen: »Bei einem Bankraub kann ich mit etwas Glück mehrere Millionen abkassieren. Mit so viel Geld kann ich die ganze Welt bereisen, mir ein Haus kaufen, jeden Morgen so spät aufstehen, wie ich will, mich von Lachs und Kaviar ernähren usw. Aber die Idee mit dem Bankraub hat zwei entscheidende Nachteile. Zum einen dürfte das Ding zu achtzig Prozent schief gehen; dann gehe ich entweder dabei drauf oder wandere für die nächsten fünfzehn Jahre hinter Gitter. Und selbst wenn mein Coup gelingt, wird es nicht so leicht sein, das Geld in Ruhe auszugeben, weil mich dann die Polizei sucht; außerdem muss jemand, der von heute auf morgen steinreich geworden ist, ja zwangsläufig auffallen. Ein Bankraub kann einem also ganz schön viele Sorgen bereiten. Wenn ich mich hingegen eine Zeit lang der Medizin widme und große Anstrengungen unternehme, dann kann ich in zwanzig Jahren meine Praxis verkaufen und das ganze Jahr verreisen, ohne die Polizei fürchten zu müssen. Hart zu arbeiten hindert einen außerdem nicht daran, von Zeit zu Zeit in Urlaub zu fahren und seine Wochenenden zu genießen. Folglich ist es die bessere Entscheidung, eine Arbeit zu suchen, weil ich auf diese Weise ziemlich sicher sein kann, ein einigermaßen lustvolles Leben führen zu können.«

Die utilitaristische Ethik Benthams ist inner- und außerhalb Englands kritisiert worden. Einmal ist das rechnerische Abwägen der Lust eine schwierige Angelegenheit: Wie sollen wir genau wissen, wie viel an Lust oder Schmerz ausreicht, um eine Entscheidung zu rechtfertigen? Dann auch liegt es nahe, dass mancher Politiker »sein eigenes Lustkalkül anstellt« und die Bürger ausbeutet – selbst wenn Bentham die Korruption in der öffentlichen Verwaltung zeitlebens bekämpft hat. Das ist eben eines der Risiken, die man eingeht, wenn man die Lust als Maßstab für das Glück nimmt.

Vor allem aber ist die Lust nur etwas Subjektives und Flüchtiges. Die Lust ist subjektiv, weil es Situationen gibt, die dem einen Lust verschaffen und dem anderen nicht; und die Lust ist flüchtig, weil wir uns immer eine Lust von noch größerer Dauer wünschen, so viel wir auch rechnerisch abwägen mögen. Der Utilitarismus von Bentham scheitert letztlich daran, dass das Glück, nach dem wir alle streben, etwas Vollkommenes ist; dass unser Wunsch nach Glück mit der begrenzten Lust, die immer nur in unserer Reichweite liegt, nicht zufrieden zu stellen ist. Das utilitaristische Glückskalkül von Bentham macht den Menschen nicht wirklich glücklich.

Allerdings ist der Utilitarismus die folgerichtige Ethik des Empirismus: Wenn der Mensch *seinem Wesen nach* etwas Körperliches ist – so ähnlich wie die Tiere –, dann wird das Streben nach Lust für ihn zum moralischen Gesetz. Tragisch ist dabei nur, dass der Mensch – im Gegensatz zu den Tieren – früher oder später merken muss, dass sich sein Wunsch nach Glück mit Lust allein nie erfüllen lässt. Bei einem Menschen, der nur nach Lust strebt, stellen sich deshalb früher oder später Verzweiflung und tiefe Enttäuschung ein.

Zur Diskussion:

1. *Welche Rolle spielt deiner Meinung nach der Utilitarismus in unserer heutigen Gesellschaft? Was sind typisch utilitaristische Einstellungen des heutigen Menschen?*

2. *Suchst du dir deine Freunde nach utilitaristischen Gesichtspunkten aus? Oder nach welchen Gesichtspunkten sonst wählst du sie dir aus?*

3. *Denke zurück an das Kapitel über den Epikureismus: Wo stimmt der Utilitarismus mit der Ethik Epikurs überein, und worin unterscheidet er sich deiner Meinung nach von ihr?*

Siebtes Kapitel

Freiheit und Verpflichtung: Kierkegaard

1. Der Vater des Existentialismus

Unter den Häresien (Irrlehren) findet sich eine, die für die christliche Religion schädlicher ist als alle anderen, eine besonders gefährliche Falle, da sie nur schwer zu entdecken ist: Christsein spielen; nur vorzugeben, Christ zu sein. Derjenige, der diese Irrlehre mit brillanten Argumenten widerlegt hat, ist Søren Kierkegaard, ein dänischer Philosoph, der 1813 in Kopenhagen geboren wurde. Er selbst verstand sich als religiöser Schriftsteller. Doch der Existentialismus, der sich später auf ihn berief, rückte ihn in den Mittelpunkt der philosophischen Diskussion.

Kierkegaard war ein zutiefst melancholisch veranlagter Mensch und wurde in der lutherischen Tradition erzogen. Im Alter von siebenundzwanzig Jahren hielt er um die Hand der achtzehnjährigen Regina Olsen an: »Sie war ein bezauberndes Mädchen, ein liebenswertes Wesen, beinahe wie eigens dafür geschaffen, damit eine Melancholie wie die meine ihre einzige Freude darin findet, vor ihr in Verzückung zu geraten [...]. Immer fand ich etwas in ihr, das in mir ein ewiges Lob auslöste, Stille und Innerlichkeit.« Einige Monate darauf löste Kierkegaard die Verlobung wieder – wie es scheint ohne besonderen Anlass. Es ist nicht möglich – so dachte er –, dass jemand das christliche Lebensideal, mit dem gewaltigen Ernst, den es beinhaltet, annimmt und zugleich das ruhige Leben eines verheirateten Mannes führt.

Was Kierkegaard im Grunde nicht ertrug, war die angepasste Existenz des protestantischen Christentums insgesamt. Seine Beziehung zu Regina ließ ihn viel über das bedrängte Gewissen nachdenken; und die Passivität der Menschen seines Zeitalters – deren oberflächliches Christentum ihr Leben in keiner Weise änderte – führte dazu, dass er die Vorstellung eines zufriedenen bürgerlichen Lebens zurückwies; der Schauder der Beziehung jedes Einzelnen zu Gott muss den gläubigen Menschen vielmehr in einen beständigen Zustand von »Furcht und Zittern« versetzen. Kierkegaard ertrug jene Christen nicht, die am Sonntag in der Kirche die Predigt hörten, nur um sie beim Verlassen der Kirche schon wieder vergessen zu haben. Ein solches »bequemes« Christentum – das wir bei uns in Mexiko ein »Sonntagmorgenchristentum« nennen – lehnte Kierkegaard entschieden ab.

2. Kierkegaards Kampf gegen den Idealismus: die Existenzphilosophie

Zu Lebzeiten Kierkegaards war der Hegelianismus die vorherrschende Philosophie. Der in Stuttgart geborene Philosoph Georg Wilhelm Friedrich Hegel (1770–1831) ist der typische Vertreter eines enzyklopädischen (alle Bereiche des Wissens umfassenden) Denkens; sein philosophisches System sollte eine Deutung der Welt insgesamt sowie des ganzen Laufs der Geschichte sein. Insofern steht Hegel für den Höhepunkt des Rationalismus. In Hegels System bleibt kein Platz für das Ungenaue; alles ist vollkommen vernünftig. Hegel ist ein abstrakter Denker. Das hegelsche System – so lautet die Kritik Kierkegaards – kümmert sich nur um die Begriffe; bei seinem Versuch, die Wirklichkeit als ganze zu begreifen, geht das verloren, was uns doch eigentlich am nächsten liegt: der einzelne Mensch in seiner konkreten Existenz, wir selbst also. Für Hegel zählt nicht so sehr das Individuum als vielmehr die Menschheit; nicht so sehr der Existierende als vielmehr der Begriff. Das reine Denken des hegelschen Idealismus hat die Wirklichkeit vergessen, wie sie konkret existiert – gerade die hätte man aber erklären müssen! In diesem Sinne ist Kierkegaard ein Existenzialist: Worauf es ankommt, ist, das Individuum zu erkennen – das, was konkret existiert.

Schonungslos und ironisch greift er den Hegelianismus an: Nichts könnte komischer sein, als vorzugeben, dass man die gesamte Wirklichkeit erkennen könne, das System der Wissenschaften, den in der Geschichte waltenden »Weltgeist«, dass man *alles* erkennen könne – sich selbst aber dabei nicht kennt.

Für Kierkegaard ist die Wahrheit entweder subjektiv, oder es gibt keine Wahrheit. Das soll nicht bedeuten, dass »jeder seine eigene Wahrheit hat«, sondern dass die Wahrheit nur Wahrheit ist, wenn es ihr gelingt, das Geheimnis des individuell Existierenden zu entschlüsseln. Die Wahrheit über die menschliche Existenz kann darum keine abstrakte sein: es muss die Wahrheit *meiner* Existenz sein, die Wahrheit für ein Subjekt, eine subjektive Wahrheit. Wenn ein Philosoph allgemeine Begriffe entwickelt und ableitet, aber nicht zu den entscheidenden Ideen vorstößt – zu Ideen, die *für mich* entscheidend werden –, dann redet er eigentlich gar nicht von der Wahrheit; denn die Wahrheit ist etwas Subjektives und Existentielles. Die Philosophie Hegels spricht von einer abstrakten Wahrheit, sagt mir dabei aber nichts über mein wirkliches Leben. Eine abstrakte Wahrheit verpflichtet mich zu nichts, bleibt ohne Einfluss auf mein Leben. Im Unterschied dazu kommt es dem Existentialismus darauf an, dass die Philosophie mich verpflichtet, mich mit einbezieht, mir etwas über mein Leben sagt und mich ermutigt, es zu verändern.

Das bedeutet, dass es nicht die Aufgabe der Philosophie sein kann herauszufinden, ob – um ein Beispiel zu nennen – »das Seiende und das Wirkliche identisch sind«, sondern ob das menschliche Leben einen Sinn hat oder sinnlos ist, und wenn es einen Sinn hat, was dieser Sinn ist. Das ist der

Grund, warum Kierkegaard die moderne Philosophie revolutioniert hat: Er hat der Philosophie ihr ursprüngliches Interesse für den Menschen aus Fleisch und Blut wieder zurückgegeben.

3. Die Existenz als Möglichkeit

Wie du dich vielleicht erinnerst, haben wir im ersten Teil unseres Buches zu zeigen versucht, dass die Ethik immer von unserem Menschenbild abhängt, von dem Begriff, den wir vom Menschen haben. Ethisches Wissen beinhaltet daher immer auch ein Wissen vom Menschen, von dem, was es bedeutet, ein Mensch zu sein.

Nun hatte Kierkegaard schon in der Mitte des vorigen Jahrhunderts begriffen, dass das geistige Klima in zunehmendem Maße vom *Szientismus* bestimmt wurde. »Szientismus« bedeutet, die Erkenntnisweisen der Naturwissenschaften und der Mathematik als die einzig gültigen anzusehen. Der Szientismus ist eine Erscheinungsform des Empirismus. Die Ausbreitung des Szientismus führte dahin, dass man den Menschen fast nur noch als einen Gegenstand unter anderen Gegenständen betrachtete: Größe, Gewicht, Ausdehnung; häufigstes Verhalten unter den Bedingungen X, Muskelspannung unter den Bedingungen Y, Zustand des Gehirns unter den Bedingungen Z. Hier ruft Kierkegaard in Erinnerung, dass der Mensch wesentlich ein Subjekt ist, auch wenn die Wissenschaft dazu neigt, ihn bloß als ein Objekt zu betrachten: »So mag sie Pflanzen und Tiere und Sterne behandeln; jedoch den Menschengeist auf diese Art behandeln, das ist Blasphemie (die Beschimpfung von etwas Heiligem), welche lediglich die Leidenschaft für das Ethische und das Religiöse schwächt.«

Kierkegaard fiel auf, dass das Verhalten der Tiere zwangsläufig den Gesetzen ihrer Natur folgt: Die Tiere leben im Reich der Notwendigkeit. Die Seinsweise des Menschen ist eine andere. Dank seiner Freiheit gehört der Mensch nicht der Welt des Notwendigen, sondern dem Reich des Möglichen und Unbestimmten an. Wir handeln frei; wir haben die Möglichkeit zu wählen, was wir tun. Wir leben im Reich der Möglichkeiten.

Die Existenz des Menschen ist Freiheit, Seinkönnen, Möglichkeit. Alle unsere Handlungen, die noch vor uns liegen, können wir durch unsere Wahl bestimmen: angefangen bei den weniger wichtigen Entscheidungen – ob ich Basketball spiele, ob ich heute Nachmittag die Hausaufgaben mache, ob ich in einer Theatergruppe mitspiele –, über die wichtigen Entscheidungen – wen ich mir zur Freundin oder zum Freund nehme, wann ich die Schule verlasse, welchen Beruf ich erlerne –, bis hin zu den alles entscheidenden Entscheidungen, den Grundentscheidungen. Für Søren Kierkegaard ist die grundlegende Entscheidung, ob ich mein Leben nach dem Glauben ausrichte oder nicht.

Das Notwendige, das, was sich gar nicht ändern lässt – dass wir in einem bestimmten Land geboren sind, von bestimmten Eltern, die uns auf eine bestimmte Weise erzogen haben –, hält Kierkegaard für weniger wichtig im Vergleich zu dem, was unsere menschliche Existenz eigentlich ausmacht: dem Möglichen. Die Größe der menschlichen Person liegt in der Fülle von Möglichkeiten, die das Leben ihr eröffnet. Die menschliche Existenz ist Möglichkeit, ist Entwurf.

4. Der Begriff der Angst

Die Angst ist das Gefühl, dass unser Leben eine bloße Möglichkeit ist. Während die *Furcht* sich immer auf etwas Konkretes bezieht – auf meine nächste Mathematikprüfung zum Beispiel –, hat man *Angst* vor etwas, was man nicht weiß: vor dem eigenen Leben als bloßer Möglichkeit. Damit ist nicht die Ungewissheit gemeint, ob Laura meine Freundin werden will oder mich abblitzen lässt, sondern die Ungewissheit im Hinblick auf mein ganzes zukünftiges Leben: Werde ich großes Unglück erleiden? Werde ich im Beruf erfolgreich sein? Wo werde ich eines Tages leben? Das ganze Gewicht der unzähligen Möglichkeiten unseres Lebens lastet auf uns – vor allem der Möglichkeiten, deren Verwirklichung auch von uns selbst abhängt: Werde ich die richtigen Entscheidungen treffen? Werde ich mich im Laufe der Jahre in einen verbitterten und enttäuschten Menschen verwandeln? Wird es mir gelingen, ehrlich und gerecht zu bleiben? Werde ich im Leben versagen, oder werde ich im Leben glücklich sein?

Die Angst stellt sich ein, sobald wir erkennen, dass wir unser Leben, unsere Existenz in unseren eigenen Händen halten. Mit unseren Entscheidungen und unseren Handlungen gestalten wir unsere Existenz. Das Ausmaß dieser Angst kann so groß sein, dass sie uns an Selbstmord denken lässt; doch ist es wichtig, die Angst als untrennbar zu unserem Menschsein gehörig anzunehmen. Der Angst kommt nach Kierkegaard sogar eine positive Bedeutung zu, weil sie uns die Endlichkeit unserer Existenz im Unterschied zu Gottes Unendlichkeit erkennen lässt. Die Funktion der Angst ist es, dass sie uns Menschen vor Gott stellt. Das ist die große Entscheidung unseres Lebens: ob wir uns Gott nähern oder uns von ihm entfernen. Im Vergleich zu dieser Entscheidung erscheint alles andere nicht so wichtig. Den Glauben anzunehmen oder nicht, das ist die grundlegende Entscheidung unseres Lebens, die Kernfrage unserer Existenz.

5. Die Verzweiflung und die Stadien des Lebenswegs

Ich kann allerdings auch versuchen, die Angst zu verdrängen, und mir einreden: »Warum sich unnötige Sorgen machen? Besser, ich nehme das Leben so, wie es gerade kommt, und lasse mich gehen.« Ich kann in den Tag hinein leben, ohne über mich und mein Leben nachzudenken, jeden Anklang von Existenzangst mit dem Lärm des Augenblicks betäuben. Ich kann mich ins Vergnügen und Getöse stürzen oder meine ganze freie Zeit an meiner Karriere arbeiten, um den Gedanken von mir fern zu halten, dass die menschliche Existenz auch ein Problem ist, eine Aufgabe, die von mir eine Grundentscheidung verlangt. Ich kann jedes Wochenende tanzen gehen, kann das Radio voll aufdrehen, den ganzen Tag nur Witze erzählen und angesagte Sprüche klopfen, einen Bogen um Krankenhäuser und Beerdigungen machen, mit einem Wort: Ich kann mein Leben so einrichten, dass ich niemals allein bin, um bloß nicht über meine Existenz nachdenken zu müssen. Anders ausgedrückt: Ich kann meiner Grundentscheidung immerzu ausweichen. Nach Kierkegaard heißt so zu leben – zu leben, ohne über sein Leben nachzudenken –, in der Verzweiflung leben. Es bedeutet, sich in das Endliche und Flüchtige hineinzustürzen und damit das Eigentliche unserer menschlichen Existenz zu verfehlen: sein eigenes Leben anzunehmen; sein eigenes Leben zu leben. Eine solche Flucht vor sich selbst mag ein großes, lärmendes Spektakel sein; aber sie ist ein dem Menschen nicht würdiges Leben.

Nur den Augenblick zu leben, heißt für Kierkegaard, nach dem *ästhetischen Lebensideal* zu leben, sich von den Sinneseindrücken leiten zu lassen: Man sucht eine Erfahrung, darauf eine neue Erfahrung und wieder eine neue, ohne Unterlass. Ein gutes Gefühl, ein besseres Gefühl, ein noch besseres Gefühl: Wir wollen von Mal zu Mal ein stärkeres Gefühl verspüren, die Sinneseindrücke sollen das Nachdenken und die Angst in uns unterdrücken. Doch wer sich einbildet, »das Leben zu genießen«, aber keine grundlegende ethische Verpflichtung eingegangen ist, wer »jeden Moment auskosten« will, sein Leben aber nicht als eine Aufgabe begreift, der lebt zwar intensiv, lebt aber nur das

Tierische in sich aus, nur den sinnlichen Aspekt seines Menschseins. Nach Kierkegaard steht Don Giovanni (Don Juan) für dieses ästhetische Stadium des Lebens. Don Giovanni wechselt die Frauen wie die Hemden und will gleich mehrere Frauen auf einmal verführen. Er trinkt, spottet, mordet und hat eine ganze Schar von Liebhaberinnen. Dennoch ist er nie wirklich zufrieden, nie wirklich erfüllt, und gerade deswegen »muss« er sich in immer neue Liebesabenteuer stürzen. Das Leben des Don Giovanni ist im Grunde das tragische Schicksal eines ewig unzufriedenen Menschen.

Das *ethische Lebensideal* hingegen ist das Ideal eines Menschen, der sein eigentliches Menschsein intensiv lebt – mit all der Angst und den Problemen, die es mit sich bringt. Die Angst und die Probleme durch immer stärkere Sinneseindrücke zu überspielen, entspricht dem ästhetischen Stadium des Lebens; sein eigenes Leben als eine Herausforderung zu begreifen, sich selbst zu einem bestimmten Menschen zu machen und dieser Entscheidung treu zu bleiben, entspricht dem ethischen Stadium des Lebens. Dies veranschaulicht Kierkegaard am Beispiel des Sokrates: Sokrates zieht es vor zu sterben, statt ein Unrecht zu begehen.

Aber der Sprung vom ästhetischen in das ethische Stadium ist für Kierkegaard noch nicht der Höhepunkt der menschlichen Existenz. Was nun noch zu einem wahrhaft menschlichen Leben fehlt, ist die Beziehung zu dem absolut Existierenden, zu Gott. Um zum *religiösen Stadium* zu gelangen, ist der *Salto mortale* des Glaubens nötig. Als protestantischer Denker erblickt Kierkegaard im Glauben einen Sprung ins Leere mit geschlossenen Augen – in der Hoffnung, dass Gott uns retten wird.

Dieser Glaube wird für die ganze menschliche Existenz bestimmend. Kierkegaard hat sein Leben lang ein angepasstes Christentum kritisiert. Er hielt den meisten seiner Mitmenschen vor, dass sie unter dem ehrenvollen Namen der Christen in Wirklichkeit wie die Heiden lebten. Das hat ihm viele Feinde eingebracht. Die größte Gefahr auf dem Weg zum wahren Christsein sah er in einem bequemen und zu leicht genommenen Christentum: Das Christsein nur zu spielen, war für ihn die schlimmste Häresie.

Die Ethik Kierkegaards ist ansprechend und attraktiv – gerade wenn man sie als Kritik eines übertriebenen Rationalismus versteht und als Ohrfeige für ein Routine-Christentum, wie es auch heute noch viele Menschen praktizieren. Allerdings liegt der Philosophie und Theologie dieses dänischen Denkers auch ein tiefer intellektueller Pessimismus zugrunde. Für Kierkegaard ist der Glaube im Grunde genommen ein »Selbstmord der Vernunft«. Glauben ist für ihn ein blinder Sprung ins Leere wider alle Vernunft. Wie Luther, dessen *Fideismus* (die Auffassung, dass der Glaube nicht der Vernunft bedarf und ihr sogar widerspricht) er aufgreift, so glaubt auch Kierkegaard, dass der religiöse Glaube eine Absage an die Vernunft einschließt.

Zur Diskussion:

1. Sieh dir den Film Der Club der toten Dichter *(*Dead Poets Society*, USA 1989) an. Machen die Schüler dort die Erfahrung der Angst, von der Kierkegaard spricht?*

2. Versuche, fünf moderne Einstellungen aufzuzählen, aufgrund derer junge Menschen von heute vor sich selbst fliehen, um nicht über ihre Existenz nachdenken zu müssen. Welche Formen nimmt das von Kierkegaard beschriebene ästhetische Lebensideal heute an?

3. Hör dir die Arie »Madamina, il catalogo è questo« aus der Oper Don Giovanni *von Wolfgang Amadeus Mozart an. Dort berichtet Leporello, Don Giovannis Diener, von den Liebschaften seines Herrn. (Wichtig ist, dass du eine Übersetzung zur Hand hast; sie liegt guten Aufnahmen ge-*

wöhnlich bei. [Es gibt sie auch in Reclams Universal-Bibliothek, einsprachig und zweisprachig, Nr. 2646 und 7481.]) Denk dabei daran, dass Kierkegaard mit dieser Komposition Mozarts das ästhetische Stadium veranschaulicht hat.

Achtes Kapitel

Befreiung und Revolution: Marx

1. Leben und Werk

Karl Marx wurde 1818 in Deutschland geboren und starb 1883 in England. Er ist zweifellos einer der Philosophen, die die Geschichte der Menschheit am stärksten beeinflusst haben. Viele kommunistische und sozialistische Regierungen und viele revolutionäre Bewegungen haben sich von seinen Ideen leiten lassen. Man hat viel darüber diskutiert, ob und in welchem Maße der so genannte »reale Sozialismus« (in sozialistischen Staaten wie Kuba oder der ehemaligen Sowjetunion) den Ideen von Marx wirklich treu geblieben ist; aber wie dem auch sei, es lässt sich nicht bestreiten, dass diese Staaten viele seiner Einsichten aufgegriffen haben.

Marx hat zahlreiche Werke verfasst. Aus dem Jahre 1844 stammen seine *Ökonomisch-philosophischen Manuskripte*; 1848 veröffentlichte er das *Kommunistische Manifest* und 1867 den ersten Band von *Das Kapital.* Die übrigen beiden Bände dieses Werkes wurden von seinem Freund und Mitstreiter Friedrich Engels in den Jahren 1885 und 1894 herausgegeben.

Viele Fachleute, die sich lange mit Marx beschäftigt und die Entwicklung seines Denkens erforscht haben, sind der Meinung, dass Marx als junger Mann anders dachte, als er es im Alter tat. Einige sagen auch, dass die beiden letzten Bände seines Hauptwerkes *Das Kapital* eher die Auffassungen von Engels wiedergeben als seine eigenen.

Der Einfachheit halber wollen wir hier nicht zwischen den Ansichten des jungen und des reifen Marx unterscheiden; der Ausgangspunkt seines Denkens jedenfalls ist überall deutlich und ändert sich während seiner ganzen Schaffensperiode nicht: der Materialismus.

2. Der Mensch als Praxis

Marx ist ein materialistischer Denker – das gibt er offen zu. Marx ist der Vater des *historischen Materialismus*. Nach seinem Menschenbild – im Gegensatz etwa zu dem Menschenbild von Platon oder von Kant – gibt es in uns keinen Geist. Der Mensch, so glaubt Marx, ist nur ein organisches Lebewesen wie alle anderen auch, wenn es auch höher steht als alle anderen. Alles, was der Mensch tut, und alles, was sich im Menschen abspielt, lässt sich restlos auf körperliche Vorgänge zurückführen. Man kann die marxistische Ethik kaum verstehen, wenn man sich nicht diesen materialistischen Begriff des Menschen vor Augen führt. Die schwersten Einwände, denen die marxistische Ethik ausgesetzt ist, betreffen eben dieses materialistische Bild vom Menschen.

Der grundlegende Unterschied zwischen Mensch und Tier besteht darin, dass der Mensch arbeitet. Marx schreibt wörtlich: »Die Menschen [...] selbst fangen an, sich von den Tieren zu unterscheiden, sobald sie anfangen, ihre Lebensmittel zu produzieren [...]. Indem die Menschen ihre Lebensmittel produzieren, produzieren sie indirekt ihr materielles Leben selbst.« Das Wesen des Menschen ist die *Praxis*. Der Mensch ist ein herstellendes, ein bearbeitendes, ein schaffendes Wesen. Diese Sicht des Menschen ist ein wesentliches Merkmal des marxistischen Materialismus.

Indem er arbeitet, findet der Mensch zu seiner menschlichen Natur. Oder anders ausgedrückt: Wenn der Affe beginnt, die physische Natur umzugestalten, um seine materiellen Bedürfnisse zu befriedigen, dann verwandelt er sich selbst in den Menschen: »Die ganze Geschichte ist nichts anderes als die Erschaffung des Menschen durch menschliche Arbeit.«

3. Basis und Überbau

Unter der *Basis* versteht Marx die Produktionsbedingungen einer Gesellschaft oder einer geschichtlichen Epoche. Der Ausdruck »Basis« kann sich im Marxismus sowohl auf die Maschinen wie auch auf die menschlichen Organisationsformen beziehen, die das Produzieren möglich machen. So bildeten in der Gesellschaft des alten Rom die Sklaven die Basis für die Produktion, weil ein Großteil der Arbeit von Sklaven geleistet wurde. Wir dagegen leben in einer kapitalistischen Gesellschaft. Deren Basis ist dadurch gekennzeichnet, dass sich die Produktionsmittel (Fabriken, Ländereien, Transportmittel, Maschinen) nicht in den Händen der Arbeiter befinden. Es herrscht eine Trennung zwischen denen, die arbeiten (den »Proletariern«) und denen, die über die Produktionsmittel verfügen (den »Kapitalisten«). Die Basis setzt sich aus den wirtschaftlichen Beziehungen innerhalb einer Gesellschaft zusammen; die Basis ist die Wirtschaft.

Die kulturellen Produkte, die eine Basis hervorbringt, nennt Marx den *Überbau*. Kunst und Religion, Recht und Philosophie sind das Ergebnis, sind das Spiegelbild von wirtschaftlichen Strukturen: »Die Gesamtheit dieser Produktionsverhältnisse bildet die ökonomische Struktur der Gesellschaft, die reale Basis, worauf sich ein juristischer und politischer Überbau erhebt, und welcher bestimmte gesellschaftliche Bewusstseinsformen entsprechen. Die Produktionsweise des materiellen Lebens bedingt den sozialen, politischen und geistigen Lebensprozess überhaupt. Es ist nicht das Bewusstsein der Menschen, das ihr Sein, sondern umgekehrt ihr gesellschaftliches Sein, das ihr Bewusstsein bestimmt.«

Mit anderen Worten, die wirtschaftliche Struktur bestimmt die Kultur eines Volkes. Die Bewohner der Stadt Teotihuacán – einer frühen Hochkultur in Mexiko – etwa verehrten den Regengott Tláloc, weil sie für eine gute Ernte auf Regen angewiesen waren. Ihre Religion war ein Produkt ihrer wirtschaftlichen Verfassung. Wären sie nicht ein Volk von Ackerbauern, sondern ein Volk von Bergarbeitern gewesen, dann wäre ihr höchster Gott der Gott der Erde gewesen. Wie du siehst, führt Marx auch die geistigen Tätigkeiten des Menschen, auch seine religiösen und ethischen Einstellungen, auf die materiellen Bedingungen zurück.

4. Die Entfremdung

Entfremdung ist ein Schlüsselbegriff des Marxismus. In der Umgangssprache versteht man darunter ein Zerwürfnis zwischen zwei Personen, die sich auseinander leben. Bei Marx bedeutet Entfremdung eine konkrete Situation, in der es zu einem Zerwürfnis zwischen dem Menschen und seiner menschlichen Natur kommt. Ein *entfremdeter* Mensch ist ein Mensch, dem man einen Teil seiner wesentlichen Merkmale oder Eigenschaften genommen hat.

Es gibt verschiedene Arten von Entfremdung: die religiöse, die politische, die philosophische und die ökonomische. Die Religion, der Staat, die Philosophie und die Wirtschaft rauben dem Menschen seine Menschlichkeit, sein Wesen, seine menschliche Natur.

5. Formen der Entfremdung

Wenn die Entfremdung dem Menschen seine Menschlichkeit oder zumindest einen Teil seiner Menschlichkeit nimmt, dann müssen wir die Entfremdung des Menschen rückgängig machen. Den Menschen zu befreien heißt, ihn von den verschiedenen Formen der Entfremdung zu befreien.

a) Die *religiöse Entfremdung* führt dazu, dass der Mensch sich mit seiner wirtschaftlichen Ausbeutung abfindet. Der ausgebeutete Mensch erhebt sich nicht zum Kampf gegen seine Ausbeuter, weil er seine Hoffnung auf ein besseres Leben im Jenseits setzt. Der Glaube an einen Himmel entfremdet den Menschen, weil er ihn daran hindert, die wirtschaftlichen Strukturen der Ausbeutung zu verändern und menschlicher zu gestalten. Dies ist der Sinn der berühmten Äußerung von Marx: »Die Religion ist das Opium des Volkes.« Damit aber geht bei Marx eine wertvolle und wesentliche Dimension des Menschseins verloren: seine Öffnung für die Transzendenz – für etwas, das die Welt des Wahrnehmbaren übersteigt.

b) Die *politische Entfremdung* besteht in der rechtlichen und politischen Verfassung des Staates, die Ausdruck einer wirtschaftlichen Struktur der Ausbeutung ist. Beispielsweise war im alten Rom die Sklaverei gesetzlich erlaubt. Das römische Recht betrachtete den Sklaven als ein Ding, als ein Objekt; denn das alte Rom war eine Gesellschaft, deren Wirtschaft auf der Ausbeutung der Arbeitskraft von Sklaven beruhte.

c) Die *philosophische Entfremdung* ist die Entwicklung von Ideologien, von Denkrichtungen zur theoretischen Rechtfertigung der herrschenden Produktionsweisen und damit der wirtschaftlichen Strukturen eines Volkes. So hat beispielsweise Aristoteles die Sklaverei mit philosophischen Argumenten verteidigt, weil er in einer Gesellschaft von Sklavenhaltern lebte. Der Spanier Ginés de Sepúlveda – der Gegner von Las Casas – versuchte mit philosophischen Überlegungen zu zeigen, dass die amerikanischen Indianer keine vernunftbegabten Wesen sind, weil dies den Interessen der spanischen Grundbesitzer diente.

d) Die *wirtschaftliche Entfremdung* ist die Grundlage aller übrigen. Sie ist die schlimmste von allen, weil sie den Menschen von seiner Arbeit entfremdet. Im Kapitalismus wird der Arbeiter um die Früchte seiner Arbeit gebracht. Denn den vom Arbeiter erzeugten Reichtum eignen sich die Kapitalisten an. Diese Form der Entfremdung ist in den

Augen von Marx deswegen die schlimmste, weil für ihn der Mensch seinem Wesen nach ein arbeitendes und erzeugendes Lebewesen ist. Wenn man den Menschen um die Früchte seiner Arbeit bringt, so nimmt man ihm zugleich sein Wesen, seine menschliche Natur selbst. Den Menschen wirtschaftlich auszubeuten bedeutet, ihn seines Menschseins zu berauben.

6. Die Befreiung des Menschen durch die Revolution

Die Befreiung des Menschen geschieht durch die Beseitigung all dieser Formen der Entfremdung. Nur wenn wir die Entfremdung aufheben, können wir die Einheit des Menschen wiederherstellen; andernfalls muss der Mensch in seinem Menschsein gespalten bleiben, uneins mit sich selbst.

Diese Befreiung des Menschen muss dort beginnen, wo die Wurzel des Bösen liegt: bei der wirtschaftlichen Entfremdung. Wenn wir die wirtschaftliche Struktur nicht verändern, werden wir gar nichts verändern, weder die Politik noch die Philosophie, noch die Religion. Wenn es uns dagegen gelingt, die kapitalistischen Produktionsformen zu beseitigen, so werden wir damit auch die Religion beseitigen, den kapitalistischen Staat und die Philosophie mit ihrer bürgerlichen Ethik.

Die marxistische Revolution ist nicht mehr und nicht weniger als der Umsturz der Strukturen der Ausbeutung. Die Revolution ist der einzig wirksame Weg, die Entfremdung des Menschen aufzuheben und ihm die Früchte seiner Arbeit wiederzugeben. Der Mensch gewinnt durch sie sein Menschsein zurück, wird wieder ganz Mensch: die Revolution ist eine »ethische« Forderung. Doch ist diese Befreiung in Wirklichkeit nur die Befreiung des Menschen in einer besonderen Hinsicht und keine umfassende Befreiung; denn sie beruht auf einer verkürzten Sicht des Menschen: der Mensch als das arbeitende Tier.

7. Das Problem mit der Freiheit

Eine Schwierigkeit, mit der die marxistische Philosophie zu kämpfen hat, ist die menschliche Freiheit. Denn wenn es wahr ist, dass der Mensch völlig von den wirtschaftlichen Strukturen bestimmt ist, wenn sich seine Denkweise unmittelbar aus der herrschenden Produktionsweise ergibt, dann müssen wir uns zwei Dinge fragen:

a) Wie ist es überhaupt möglich, dass einige Menschen in der Lage sind, ihre eigene Entfremdung zu durchschauen? Wie kann es sein, dass Marx eine Philosophie entwickelt, die gerade nicht von den kapitalistischen Produktionsbedingungen seiner und unserer Zeit bestimmt ist, sondern – ganz im Gegenteil – diese Produktionsbedingungen kritisiert?

b) Wenn der Mensch völlig von den wirtschaftlichen Strukturen bestimmt ist, wenn also auch die menschliche Moral eine notwendige Folge der herrschenden Produktionsbedingungen ist – kann es dann wirklich noch Freiheit geben? Wenn es aber keine Freiheit gibt: Was können wir dann überhaupt ändern? Wozu die ganze Aufregung? Sollte es hingegen die Freiheit doch geben: Würde das dann nicht beweisen, dass der Mensch mehr ist als ein bloß materielles Wesen; dass er auch ein geistiges Wesen ist? Und besitzt er als geistiges Wesen nicht auch eine gewisse Unabhängigkeit gegenüber den wirtschaftlichen Produktionsformen seiner Gesellschaft?

Diese beiden Einwände gehören, wie wir glauben, zu den schwersten, die man Marx machen kann; sie lassen sein Menschenbild und seine Ethik nicht sehr glücklich ausschauen.

Zur Diskussion:

1. Sieh dir den Film Moderne Zeiten (Modern Times, *USA 1936) von Charlie Chaplin an. Kommt es durch die Arbeit am Fließband zu einer Entfremdung des Menschen? Wenn ja, würde die von Marx geforderte Revolution den Menschen von dieser Entfremdung befreien?*

2. In welchem Verhältnis stehen deiner Meinung nach der Materialismus der marxistischen Philosophie und der Materialismus, wie er die kapitalistische Gesellschaft prägt?

3. Was, glaubst du, hätte wohl Epikur zur Ethik von Marx gesagt?

Neuntes Kapitel

Jenseits von Gut und Böse: Nietzsche

1. Wer war Nietzsche?

»Sokrates war ein Missverständnis, die ganze Besserungs-Moral, auch die christliche, war ein Missverständnis.« Das sind Worte von Friedrich Nietzsche, einem der Philosophen, die das Denken des 20. Jahrhunderts am stärksten beeinflusst haben. Sein dichterischer, kraftvoller und kämpferischer Schreibstil hat ihn zu einem viel gelesenen Schriftsteller gemacht. Sätze von Nietzsche wie »Gott ist tot« oder »Ich bin kein Mensch, ich bin Dynamit« sind häufiger zitiert, als gründlich untersucht worden. Nietzsche, der Prophet des abendländischen Nihilismus, starb im Jahre 1900.

Geboren wurde er 1844 in Röcken bei Lützen (Sachsen). Er begann ein Theologiestudium, das er bald abbrach, und studierte dann alte Sprachen. Mit fünfundzwanzig Jahren wurde er zum Professor für Altphilologie in Basel ernannt. Von großem Einfluss auf seine Persönlichkeit war die Freundschaft mit Richard Wagner, dem großen Komponisten, der in seinen Augen die Ideale des Herrschergeistes verkörperte, durch den sich der *Übermensch* auszeichnet. Als Wagner aber mit dem Christentum zu liebäugeln begann, kündigte Nietzsche ihm die Freundschaft auf und kritisierte ihn in seinen Schriften aufs schärfste. Bereits in seinem ersten Buch, *Die Geburt der Tragödie aus dem Geiste der Musik*, sind seine revolutionären Gedanken über den Menschen und über die Ethik angelegt. Nachdem er mit fünfunddreißig seine Universitätslaufbahn aufgegeben hatte, verschlechterte sich sein Gesundheitszustand zusehends. Wenn es ihm gut genug ging, schrieb er wie ein Besessener. So entstanden unter anderem Werke wie *Jenseits von Gut und Böse*, *Die Götzendämmerung* und *Also sprach Zarathustra* – das poetischste und am schwierigsten zu deutende Werk. Zehn Jahre darauf, im Jahre 1889, brach seine Gesundheit völlig zusammen. Nietzsche verlor den Verstand und wurde bis zu seinem Tode von seiner Schwester gepflegt.

2. Das Dionysische und das Apollinische

Im Mittelpunkt von Nietzsches Denken stand von Anfang an die Ablehnung der herkömmlichen Philosophie und der traditionellen moralischen Werte. Seine erste Veröffentlichung, *Die Geburt der Tragödie aus dem Geiste der Musik*, sorgte gleich für den ersten Skandal, den er mit seinen Ideen auslöste. Der reinste Ausdruck der echten Werte des menschlichen Lebens – meinte Nietzsche – findet sich in der griechischen Tragödie des »vorsokratischen« Zeitalters, der Epoche vor dem Auftreten des Sokrates.

Der Tiefsinn der griechischen Tragödie ist das Ergebnis eines Zusammenspiels zweier verschiedener Instinkte, die Nietzsche »apollinisch« und »dionysisch« nannte. Dabei vertrat Nietzsche die Auffassung, dass das Bild des griechischen Gottes Dionysos – Symbol für das Rauschhafte, die Triebe und die Leidenschaften – am ehesten dazu geeignet sei, einen Menschen zu charakterisieren, der im Einklang mit seiner Natur lebt. Das Natürliche am Menschen ist nicht die Vernunft, sind nicht Harmonie und Maß – für all dies steht der Gott Apollo –, sondern ist der entfesselte und sich über die Vernunft hinwegsetzende Wille.

Der griechische Gott Apollo war der würdevollste von den Göttern des Olymp. Er wurde für gewöhnlich mit einer Lyra (einem Zupfinstrument) dargestellt und symbolisierte die Harmonie und Ausgeglichenheit der Künste und des Denkens. Mit ihm verbanden die Griechen Ideen wie das »Erkenne dich selbst« oder das »Nichts im Übermaß«.

Sein Widerpart, Dionysos, war der Gott des Weines, des ausgelassenen Lebens und der Gastfreundschaft. Er wurde mit Becher und Trauben abgebildet, denn er war es, der der Sage nach den Griechen zuerst den Wein gebracht hatte – ein Segen und ein Fluch zugleich. Nietzsche war zutiefst von der Vorstellung durchdrungen, dass der dionysische Tanz und Rausch in ihrer Hemmungslosigkeit dem menschlichen Ideal am meisten entsprechen. Wir sollen die triebhafte Seite unserer Existenz ausleben, uns in die Sinnesfreuden stürzen und uns von ihnen mitreißen lassen – ohne Ordnung, Gott und moralisches Gesetz. Ordnung und Vernunft – der Weg Apollos – sind der falsche Weg.

Nietzsche behauptete, dass die Verdrängung des dionysischen Geistes durch den apollinischen der Grund für den Niedergang der griechischen Kultur war; das war freilich mehr seine eigene Idee über die menschliche Existenz als eine Auslegung des wirklichen Geistes der griechischen Tragödie. Gleiches gilt ihm zufolge auch für unsere abendländische Kultur. Am besten kann man den Verfall der griechisch-abendländischen Kultur am philosophischen Geist ablesen: das Leben mit der Vernunft verstehen und regeln zu wollen – das ist der große Irrtum unserer Kultur von Sokrates und Platon bis in unsere Tage. Unter dem Namen des alten persischen Weisen Zarathustra bekämpft Nietzsche diesen Verfall und verkündet die Ankunft eines neuen Menschen, des Übermenschen.

3. Die Umkehrung aller Werte

Nietzsche sieht den Zeitpunkt gekommen, da die unterdrückten Triebe neu entfesselt werden müssen; die »Werte des Verfalls« aber, nämlich die Werte der christlichen Moral und Metaphysik, gilt es endlich loszuwerden. Sein Satz »Gott ist tot« steht für das Ende dieser Werte. Für Nietzsche, einen eingefleischten Feind des Christentums, ist das große geschichtliche Ereignis nicht die Geburt Christi, sondern der Tod Gottes, das heißt die Zerstörung aller Werte des herkömmlichen Denkens und der traditionellen Moral. Nach dem Sturz von Metaphysik und Christentum wird der Übermensch in Gestalt des Dionysos zur Herrschaft gelangen. Der Übermensch ist der Schöpfer neuer Werte, die auf dem dionysischen Lebensideal beruhen.

Die Begeisterung für das bloß Instinkthafte und die Geringschätzung der Vernunft, wie sie sich bei Nietzsche finden, wurden später von dem so genannten »postmodernen« Denken aufgegriffen, das heute sehr verbreitet ist. Einerseits ist Nietzsches Philosophie ein Einspruch gegen übertriebene Formen des Szientismus und Rationalismus, gegen ein Denken in erdrückenden Systemen, das nicht bis zum innersten Bereich unseres Lebens vorstößt; Nietzsches Philosophie ist auch eine Kritik an einem falschen Verständnis von Moral, wonach die Moral für Verbote, Schuldgefühle, Furcht und Kleinmut steht.

Andererseits haben viele Gegner Nietzsches in seiner Philosophie den Nährboden für totalitäre Einstellungen und für den Wahnsinn des Dritten Reiches erblickt. Der Übermensch, von dem Nietzsche sprach, ist oft mit der Vorstellung einer Überlegenheit der germanischen Rasse in Verbindung gebracht worden. Tatsache ist, dass Nietzsche selbst die Deutschen verachtet hat und den Übermenschen nie irgendeinem Volk zuordnete. Dennoch wird man zwischen dem Verschwinden der Ideale der Freiheit, Gleichheit und Brüderlichkeit während des Nationalsozialismus und der von Nietzsche geforderten *Umwertung aller Werte* nicht jede Ähnlichkeit bestreiten können. Der *Wille zur Macht*, das blinde und rücksichtslose Sich-Durchsetzen des Stärkeren, das Nietzsche an die Spitze der neuen Werte stellt, ist in vielen Bereichen der Kultur des 20. Jahrhunderts und in weiten Teilen seiner Geschichte Wirklichkeit geworden.

4. Der Mensch und die Ethik Nietzsches

Wie du vielleicht bemerkt hast, nimmt Nietzsche die absolute Gegenposition zur ethischen Tradition unserer Kultur ein. »Die ganze Besserungs-Moral«, sagt er, »war ein Missverständnis«. Das bedeutet: Alles, was wir über den Menschen und seine Natur als eines vernünftigen Lebewesens gesagt haben – dass es für ihn darauf ankommt, sich zu einem Menschen im vollen Sinne des Wortes zu machen; dass er daher in Einklang mit seiner Natur, das heißt mit seiner Vernunft leben soll; dass er dazu seine menschlichen Fähigkeiten, den Willen und den Verstand, voll entwickeln soll, und zwar im Rahmen eines guten Lebens –, all dies war für Nietzsche ein einziger gigantischer Irrtum.

Ein Mensch im vollen Sinne des Wortes wird man für Nietzsche im Gegenteil nur dadurch, dass man *jenseits von Gut und Böse* lebt; im Einklang mit seiner Natur leben heißt für ihn, dem blinden Trieb nach Selbsterhaltung, Wachstum und Macht zu folgen. Nietzsche zufolge gibt es zwei Klassen von Menschen: die Herren und die Sklaven, die beide ihre eigene Moral entwickelt haben. Für die Herren bedeutet das Begriffspaar »gut–schlecht« nichts anderes als »vornehm–verächtlich«. Sie verachten als schlecht alles, was der Feigheit entspringt, der Furcht oder dem Mitleid, alles was schwach ist und der Lebenskraft im Wege steht. Als gut gilt ihnen dagegen alles Stolze und Überlegene, Starke und Herrische. Die Herrenmoral stützt sich auf den Glauben an sich selbst, auf das Vertrauen in die eigene Stärke, die Befriedigung der eigenen Wünsche, die natürliche Feindseligkeit gegenüber den unterlegenen Menschen und auf den Spott gegenüber Bescheidenheit und Verzicht.

Im Gegensatz dazu entsteht die Sklavenmoral im Herzen der Schwachen und Unterdrückten; dementsprechend verurteilt sie auch die Werte und Vorzüge der Mächtigen. Nachdem der Sklave Macht, Herrschaft und Ruhm der Herren schlecht gemacht hat, geht er daran, die Eigenschaften der

Schwachen als gut hinzustellen: das Mitleid, den Dienst, die Geduld, die Bescheidenheit. Die Sklaven erfinden eine Moral, die ihnen ihr Sklavendasein erträglicher macht. Weil sie den Herren gehorchen müssen, sagen die Sklaven, dass der Gehorsam gut ist und der Stolz schlecht. Weil die Sklaven schwach sind, preisen sie Werte wie Sanftmut und Barmherzigkeit und kritisieren Egoismus und Gewalt. Anders ausgedrückt, die Sklaven machen aus ihrer Not eine Tugend.

In der Gesellschaft leben Personen aus beiden Lagern zusammen; am schädlichsten ist es dabei, Ideale wie Bescheidenheit und Barmherzigkeit hochzuhalten – wie es das Christentum tut – oder Werte wie Gleichheit und ein friedliches Zusammenleben zu verteidigen – wie es die Demokratie und der Sozialismus tun; denn beides kommt dem Entstehen einer Sklavenmoral zugute. Erst die Ankunft des Übermenschen, einer neuen Gattung von Philosophen und Führern, setzt dieser Lüge ein Ende, die die stärksten und gefährlichsten Instinkte des Lebens zu unterdrücken beabsichtigte.

5. Nihilismus und der Wille zur Macht

Nietzsche ersetzt nicht eine Lehre von den Grundlagen und Ursachen der Wirklichkeit durch eine neue; er ersetzt nicht eine Metaphysik durch eine andere, so wie es die Philosophen vor ihm getan hatten. Er geht einfach davon aus, dass die Wirklichkeit überhaupt keine Grundlage und keine Ursache hat: Es gibt sie einfach, Punktum. Die Folge dieser Ansicht ist der Nihilismus (von lateinisch *nihil*, »nichts«). Wenn die rationalistische Philosophie – Hegel zum Beispiel – glaubte, dass die Welt durch und durch vernünftig ist, so glaubt Nietzsche, dass wir mit unserer Vernunft überhaupt nichts über die Wirklichkeit herausfinden können.

Die Moralphilosophie Nietzsches ist der traditionellen Ethik deswegen so entgegengesetzt, weil auch seine Sicht des Menschen im völligen Gegensatz zum herkömmlichen

Menschenbild steht. Worin unterscheiden sich Nietzsches Sicht des Menschen und das herkömmliche Menschenbild? Sie unterscheiden sich vor allem darin, dass sie das Verhältnis zwischen der Vernunft und den Trieben, zwischen der geistigen und der tierischen Natur des Menschen völlig anders bestimmen. In der klassischen Tradition glaubte man, dass der Mensch erst dann im vollen Sinne Mensch geworden ist, wenn er seine spezifisch menschlichen Fähigkeiten voll entwickelt hat: seinen Verstand und seinen Willen. Die natürliche Ordnung bestehe darin, dass Wille und Verstand das Tierische im Menschen kontrollieren, seine Triebe und seine Instinkte. Das bedeutet nicht, dass wir unsere tierischen Antriebe völlig ausschalten sollen; die Tugenden sollen vielmehr dafür sorgen, dass der Mensch nicht zum Spielball seiner Triebe und Instinkte wird. Die Kraft der Triebe und Instinkte soll so angeordnet sein, dass sie dem Menschen im Einklang mit seiner geistig-körperlichen Natur zur Fülle des Menschseins verhilft.

In einer solchen Ordnung sieht Nietzsche eine Verkehrung, eine Karikatur des Übermenschen, eine Karikatur auch des Lebens, das für ihn entfesselter Instinkt ist. Denn eine Kontrolle durch Wille *und* Verstand würde den Willen zur Macht, den wahren Motor des Lebens, einschränken. Nietzsches Menschenbild und seine Moralphilosophie sind wie die zwei Seiten einer Medaille. Der Mensch ist nur dann er selbst, wenn er sich den blinden Kräften seiner Triebe und Instinkte widerstandslos überlässt; der Mensch ist nur dann Herr über sich, wenn er sich in den ewigen Fluss des Lebens hineinstürzt und sich von ihm fortreißen lässt.

6. Und was kommt nach Nietzsche?

Nietzsche hat von sich selbst gesagt: »Ich bin kein Mensch, ich bin Dynamit.« Und das ist er tatsächlich gewesen. Seine Bücher haben die Welt verändert. Man kann Nietzsche den

Verräter der Vernunft nennen. Er verneint nicht nur Gott (»Gott ist tot«), er verneint auch den Menschen. Für Nietzsche ist der Mensch ein wildes Tier und sein Wert nicht größer als der anderer hoch entwickelter Tiere. Bei Nietzsche gibt es weder Gott noch Vernunft, noch Freiheit. Was übrig bleibt, ist allein die nackte Bejahung der Triebe und Instinkte. Niemals zuvor hatte es jemand gewagt, seine eigene menschliche Würde so scharf von sich zu weisen. Nietzsche tut es. Dem Menschen fehlt jede Würde.

Was bleibt von Nietzsches Ethik? Eigentlich nichts: nur Gewalt, Triebe, das Unvernünftige; nur Lust und Leid und – vor allem – ein Leben ohne Sinn und ohne Ziel. Indem Nietzsche den Menschen als wildes Tier betrachtet, bestreitet er im Grunde genommen auch, dass der Mensch glücklich sein kann; denn das Glück – und nicht die bloße körperliche Befriedigung – ist den geistigen Wesen vorbehalten. Deswegen ist es auch kein Zufall, dass die anfängliche Begeisterung für die Lebenskraft der Triebe bei Nietzsche in einem zutiefst verbitterten Pessimismus endet.

Zur Diskussion:

1. Ist Rambo, der Held der gleichnamigen Filme, ein Übermensch im Sinne Nietzsches? Wenn ja, warum?

2. Hör dir die Ouvertüre der Oper Tannhäuser *von Richard Wagner an. Warum musste diese Musik Nietzsche gefallen?*

3. Wir wissen, dass Nietzsche die deutsche Kultur verachtet hat. Dennoch hat der Nationalsozialismus die Werke Nietzsches für sich in Anspruch genommen. Glaubst du, dass das Naziregime eine Herrenmoral praktizierte?

Zehntes Kapitel

Die Hierarchie der Werte und die Person: Max Scheler

1. Leben und Werk

Max Scheler wurde 1874 in München geboren und starb im Jahre 1928. Er erhielt eine sorgfältige philosophische Ausbildung und war Schüler großer humanistischer Denker. Eine Zeit lang arbeitete er mit dem bedeutenden Philosophen Edmund Husserl zusammen. Über Husserl kam er mit weiteren wichtigen Denkern in Kontakt, so mit dem existentialistischen Philosophen Martin Heidegger und mit Edith Stein, der im Konzentrationslager Auschwitz ermordeten christlichen Philosophin und Karmelitin.

Sein Hauptwerk, das im Jahre 1916 erschien, trägt den Titel *Der Formalismus in der Ethik und die materiale Wertethik*.

Schelers Denken ist heute zum Allgemeingut geworden; »Wertethik« ist ein Wort, das man ziemlich häufig zu hören bekommt. Wir reden heute viel von »Werten«, von der »Rangfolge der Werte«, von der »Werteskala«. So groß ist der Einfluss Schelers geworden, dass viele die Ethik mit einer Theorie der Werte verwechseln.

2. Scheler gegen Kant

Jemand hat einmal gesagt: Die Philosophen verschwenden die Hälfte ihrer Zeit damit, sich mit anderen Philosophen zu streiten. Da ist etwas Wahres dran: Die Philosophen beeinflussen und widerlegen sich gegenseitig. Die Geschichte des philosophischen Denkens ist zugleich die Geschichte philosophischer Schulen, die einander bekämpfen und sich gegenseitig befruchten. Scheler ist da keine Ausnahme. Schelers Ethik ist ein Angriff auf die Ethik Kants.

Du wirst dich vielleicht daran erinnern, dass Kant eine Ethik mit zwei hervorstechenden Merkmalen entwickelt hat:

a) Kant verteidigt eine Ethik, die sich nicht auf sinnlich wahrnehmbare Gegenstände stützt. Das bedeutet, dass die Erfahrung für Kant als Grundlage der Ethik nicht in Frage kommt. Wenn wir die Ethik auf das gründen wollen, was wir sehen, spüren und berühren können, dann – so hatte Kant begriffen – ist der moralische Relativismus nicht zu vermeiden.

b) Kant verteidigt eine formale Ethik, das heißt eine in abstrakten Begriffen formulierte Ethik ohne bestimmten Inhalt. »Formal« bedeutet dabei – wie wir bei der Erklärung der Ethik Kants schon erwähnt haben –, dass es sich um leere Formeln handelt, die man erst noch mit Inhalt füllen muss. So sagt der mathematische Satz »2 + 2 = 4« nichts über die Art der Gegenstände aus, die zusammengezählt werden – ob zwei Äpfel und zwei weitere Äpfel oder zwei Äpfel und zwei Kokosnüsse oder zwei Kugeln Vanilleeis und zwei Kugeln Schokoladeneis, ist völlig egal. »2 + 2 = 4« ist eine formale Aussage. Zwei plus zwei ergibt immer vier, ganz gleich, was wir auch zusammenzählen. Ähnlich verhält es sich nach Kant mit dem moralischen Gesetz: Das moralische Gesetz muss eine Formel sein, eine formale, inhaltsleere Forderung, die sich auf jede beliebige moralische Handlung anwenden lässt. »Handle so, dass der Grundsatz, nach dem du dich dabei richtest, auch für alle anderen Menschen gelten könnte«, so lautet die formale Forderung des moralischen Gesetzes bei Kant, der *kategorische Imperativ.* Er lässt sich überall und jederzeit auf jede mögliche Situation anwenden – genauso wie ein mathematischer Satz. Der kategorische Imperativ gilt für alle möglichen Handlungen.

Scheler erkannte die Nachteile, die dieser *Formalismus* (die Beschränkung auf das Formale) der Ethik Kants mit sich bringt. Wenn wir uns mit der Ethik Kants beschäftigen, haben wir anschließend fast immer den Eindruck, dass es sich um leere Formeln handelt, um eine Ethik, die für unser praktisches Leben nicht ausreicht. Was uns fehlt, sind konkrete Aussagen, die sich in brauchbare Richtlinien für unser Leben ummünzen lassen. Und um genau solche Aussagen geht es Scheler in seiner Wertethik. Das erklärt, warum die Theorie der Werte sich in der Ethik so verbreiten konnte.

3. Die Werterfahrung

Sokrates, Aristoteles und Kant zufolge erkennen wir das Gute und das Schlechte auf rationale Weise. Die Ethik gründet auf der Vernunft, nicht auf dem Gefühl. Für die Hedonisten dagegen ist das moralisch Gute dasselbe wie das Angenehme und das moralisch Schlechte dasselbe wie der Schmerz. Die Hedonisten gründen die Ethik auf das Gefühl, darauf, wie wir uns fühlen.

Auch nach Scheler gründet die Ethik nicht auf der Vernunft, sondern auf dem Gefühl. Doch meint er damit nicht *irgendein* Gefühl, wie das angenehme Gefühl, das wir beim Trinken eines französischen Weins empfinden, oder den Schmerz, den wir spüren, wenn der Arzt uns eine Spritze verpasst. Scheler ist weit davon entfernt, ein Hedonist zu sein. Scheler behauptet vielmehr, dass es eine ganz besondere Art von »Gefühl«, eine ganz besondere Weise des Spürens gibt: die »Werterfahrung«. So erfahren wir etwa beim Betrachten der Mona Lisa des Leonardo da Vinci den Wert der Schönheit; und wenn wir einem armen Menschen zu essen geben, erfahren wir den Wert der Barmherzigkeit. Es handelt sich also nicht um Sinneserfahrungen (etwa wenn wir spüren, wie ein Schokoladeneis auf unserer Zunge zergeht, oder wenn es uns in einem schwankenden Boot übel wird), sondern um Erfahrungen einer geistigen Art.

4. Die Objektivität der Werte

Die Werte sind objektiv, das heißt, sie hängen nicht von unseren persönlichen Vorlieben und Geschmäcken ab. Der Wert der Schönheit und der Wert der Barmherzigkeit sind über unsere persönlichen Vorlieben erhaben. Es gibt Menschen, die den Roquefort, einen kräftigen und pikanten Käse, nicht mögen, während ihn andere für eine ausgesprochene Delikatesse halten. Der Geschmack des Roquefort ist kein Wert. Die Schönheit und die Barmherzigkeit dagegen sind objektive und allgemein gültige Werte. Jeder Mensch vermag zu erfahren, dass die Schönheit und dass die Barmherzigkeit wertvoll sind; hingegen kann einer die Erfahrung machen, dass der Roquefort einen widerlichen Geschmack hat und völlig wertlos ist.

Die Werte sind objektiv. Daher gelten sie zeitlos, kulturübergreifend, unabhängig von Rasse und Religion und von persönlichen Vorlieben. Sie sind über jede empirische Bedingung erhaben; sie gelten universal. Die Werte lassen sich in positive und negative Werte einteilen. Die negativen Werte sind sozusagen Anti-Werte. Beispielsweise ist dem positiven Wert »Gesundheit« der negative Anti-Wert »Krankheit« zugeordnet.

Scheler weiß sehr wohl, dass Kant die Ethik deswegen nicht auf etwas Empirisches (auf das Angenehme, das Nützliche, das von der Gesellschaft Anerkannte usw.) gründen will, weil das zum moralischen Relativismus führt (»Jeder hat seine eigene Moral«). Scheler will kein Relativist sein. Im Unterschied zu Kant – der ja auch kein Relativist sein wollte – will Scheler seine Ethik aber mit konkreten Inhalten füllen. Die Grundlage der Ethik sind die Werte, die objektiv und allgemein gültig sind. Kant hat, so glaubt Scheler, nichts zu befürchten, weil die Werte ein Anker, ein festes Fundament der Ethik sind. Wir alle spüren zutiefst die Werte auf dieselbe Weise; die Werterfahrung hat mit einem Subjektivismus und Relativismus nichts zu tun.

5. Die Hierarchie der Werte

Es gibt eine Ordnung der Werte; es gibt höhere und niedrigere Werte. Und auch diese Werteskala ist etwas Objektives, das nicht von meiner Kultur oder meinem persönlichen Geschmack abhängt. Die *Hierarchie der Werte* ist nach Scheler die folgende (in aufsteigender Reihenfolge):

- die Werte des Angenehmen: Emotionen und Gefühle
- die vitalen Werte: Gesundheit und Lebenskraft
- die geistigen Werte: Schönheit, Gerechtigkeit, Wahrheit (Erkenntnis, Wissenschaft, Kultur)
- das Heilige und die mit ihm verbundenen Werte.

Unser ethisches Verhalten soll sich nach dieser Rangfolge der Werte richten. Wenn ein Mensch zum Beispiel vor der Wahl steht, ob er sich ein neues Auto kaufen oder das Geld für eine Operation ausgeben soll, bei der ihm ein Tumor entfernt wird, dann soll er sich für die Operation entscheiden, weil die Gesundheit über dem Nutzen steht: Die Gesundheit ist der höhere Wert. Und statt meine Freizeit im Fitness-Studio zu verbringen, soll ich mich besser mit Kultur und Wissenschaft beschäftigen, weil die geistigen Werte über den vitalen stehen.

6. Ethischer Personalismus

Wie Max Scheler bemerkt, sind »alle Werte den Personenwerten unterzuordnen [...], auch alle möglichen Sachwerte, ferner alle Werte von unpersönlichen Gemeinschaften und Organisationen«. Angenommen, das Museum des Louvre in Paris ginge in Flammen auf und wir hätten gerade noch Zeit, entweder die Mona Lisa oder ein kleines Kind aus dem brennenden Gebäude zu retten, dann wäre es unsere Pflicht, ohne zu zögern das Kind zu retten; denn das Gemälde, so schön es auch sein mag, ist ein Ding und keine

Person. Die Person steht auch über Organisationen wie dem Unternehmen, der Schule oder dem Staat.

Die Person ist mehr als ihre Handlungen oder ihr Gewissen. Das bedeutet, dass ein Mensch nicht dadurch zur Person wird, dass er etwas Bestimmtes tut. Das Kind, das auf der Straße Bonbons verkauft, der Drogenhändler und der berühmte Wissenschaftler – sie alle sind gleichermaßen Person. Man ist dadurch, dass man schwach ist, nicht weniger Person – so wie Nietzsche sich das dachte. Eine Person hört auch nicht auf, Person zu sein, wenn sie schläft oder bewusstlos ist. Die Person hat einen Körper, sie ist aber mehr als nur etwas Körperliches. Ein Kind, das auf eine Mine getreten ist und dabei verstümmelt wurde, bleibt eine Person, auch wenn seinem Körper etwas fehlt.

7. Die Theorie der Werte und die Gefahr des Relativismus

Schelers Gegner haben eingewandt, dass die Werte einer solideren Grundlage bedürfen. Was eigentlich ist die *Werterfahrung*? Sie ist einerseits kein vernünftiger Beweis, andererseits auch keine sinnliche Wahrnehmung. Aber was ist sie dann? Wie kann ich sie von einem bloßen Gefühl unterscheiden? Und trifft es wirklich zu, dass alle Menschen die Werte in derselben Weise erfahren oder wenigstens erfahren können? Diese und andere Fragen müssen wir an Schelers Theorie der Werte richten.

Schelers Ansatz ist einer der wichtigsten Versuche dieses Jahrhunderts, in kritischer Auseinandersetzung mit Kant und Nietzsche eine Ethik zu begründen. Dabei gründet Scheler seine Theorie der Werte aber nicht auf die Erkenntnis der menschlichen Natur, sondern auf eine Art »Fühlen«, »Spüren«, »Intuition« der Werte. Das macht Schelers Wertelehre zu einer leichten Beute einer bloß subjektiven Gefühlsethik. Die Objektivität der Ethik Schelers ist eine wackelige Angelegenheit, weil ihr ein festes Fundament fehlt. Bei allem Respekt vor der Leistung Schelers wird man daher wohl sagen müssen, dass es ihm nicht gelungen ist, den unsere westliche Kultur beherrschenden moralischen Skeptizismus und Relativismus wirklich zu überwinden.

Zur Diskussion:

1. *Sieh dir den Film* Zeit des Erwachens *(*Awakenings, *USA 1990) an. Wie ist es zu rechtfertigen, dass die Regierung so viel Geld für die Pflege von Kranken ausgibt, die wie im Schlaf leben und völlig unproduktiv sind?*

2. *Sieh dir mit kritischen Augen fünf beliebige Werbespots im Fernsehen an. Welches sind die Werte, die sie vermitteln? Welche Rangordnung der Werte legen sie zugrunde? Woran bemerkst du das?*

3. *Was würde Scheler zur utilitaristischen Ethik Benthams sagen?*

Elftes Kapitel

Auflehnung und Unterdrückung: die Frankfurter Schule

1. Allgemeine Merkmale und Vertreter

Die Frankfurter Schule ist eine vielschichtige geistige Bewegung. Sie setzt sich aus verschiedenen Intellektuellen zusammen, deren Ansichten nicht unbedingt in allen Punkten übereinstimmen. Ihr Ursprung war das zur Zeit der Weimarer Republik gegründete Institut für Sozialforschung in Frankfurt am Main. Man unterscheidet gewöhnlich zwei Generationen von Mitgliedern dieser Schule. Die herausragenden Vertreter der ersten sind Max Horkheimer (1895–1973), Theodor Adorno (1901–69), Herbert Marcuse (1898–1979) und Erich Fromm (1900–79). Der berühmteste Vertreter der zweiten Generation ist der 1929 in Düsseldorf geborene Jürgen Habermas.

Das philosophische und soziologische Denken der Frankfurter Schule wird manchmal »neomarxistisch« genannt. Diese Bezeichnung ist nicht ganz zutreffend: Zwar übte Marx einen entscheidenden Einfluss auf die »Kritische Theorie« dieser Schule aus, doch neben ihm waren auch Kant, Hegel und – in geringerem Maße – Freud einflussreich.

Aus Gründen der Einfachheit behandeln wir die Frankfurter Schule als Ganze und konzentrieren uns ausschließlich auf diejenigen Themen, die für die Ethik von besonderer Bedeutung sind.

2. Der Nationalsozialismus und die Ideologien

Die Gründer der Frankfurter Schule waren jüdischer Herkunft und hatten unter der nationalsozialistischen Verfolgung zu leiden. Den meisten von ihnen gelang es, vor Hitler ins Ausland zu fliehen. Die Erfahrung dieser Verfolgung bewog sie, die moderne Gesellschaft und die ganze abendländische Kultur scharf zu kritisieren. Wie ist es möglich, dass nach Tausenden von Jahren abendländischer Kultur eine Regierung Konzentrationslager errichtet? Wie kann es sein, dass die abendländische Kultur, die Genies wie Mozart und Shakespeare hervorgebracht hat, auch die Gräuel der Nationalsozialisten hervorbringt? Der Ansatzpunkt könnte kritischer nicht sein.

Diese Kritik erstreckt sich auch auf den so genannten »realen Sozialismus«, insbesondere den Sozialismus Stalins. Dieser Sozialismus ist ebenfalls ein Totalitarismus, der das Individuum niederwalzt. Die Frankfurter Schule hat ein angestammtes Grauen vor dem Totalitarismus, vor der Diktatur. Dieser Abscheu und diese Angst liegen ihrem ethischen Denken zugrunde.

3. Der entfremdete Mensch

Wie schon Marx geht die Frankfurter Schule von der Tatsache des entfremdeten Menschen aus. Als wir über Marx sprachen, haben wir dort den Begriff der Entfremdung bereits geklärt. Sowohl die kapitalistische Gesellschaft als auch der Sozialismus haben den Menschen entfremdet. Die Menschen in unserer Kultur sind nicht wirklich befreit: Es herrschen Ungerechtigkeit, Schmerz, sozialer Neid, Rache, Unterdrückung. Im Unterschied zu Marx denkt sich die Frankfurter Schule jedoch die Befreiung nicht als eine primär wirtschaftliche Revolution. Um den Menschen zu befreien, reicht es nicht aus, die wirtschaftliche Entfremdung zu überwinden. Es gibt eine noch tiefer reichende Entfremdung, die nach einem viel umfassenderen Befreiungsprozess verlangt. Mit anderen Worten: Nicht jede Versklavung des Menschen erschöpft sich in wirtschaftlicher Ausbeutung.

4. Eros und Befreiung

Herbert Marcuse, der stark von Freud beeinflusst ist, verlagert einen Teil des Kampfes gegen die Entfremdung auf das Gebiet der Sexualität, oder vielmehr der Lust. Marcuse übernimmt von Freud die Annahme eines »Lustprinzips« (des »Eros«), das heißt der ständigen Neigung des Menschen zur Befriedigung seines Sexualtriebs. Diese Neigung zur sexuellen Befriedigung – so glaubt Marcuse – stößt auf den Widerstand einer ganz auf Arbeit und Produktivität ausgerichteten Kultur. Die moderne Gesellschaft ist repressiv (d. h. sie unterdrückt), weil sie allen unseren Instinkten Schranken auferlegt, besonders aber dem Sexualtrieb. Die Arbeitswelt hindert den Menschen daran, seinen Hunger nach Lust vollkommen zu stillen.

Dieser Widerspruch zwischen der repressiven Lebensform des Kapitalismus und dem Eros erzeugt im Menschen einen Konflikt, einen Zustand der Entfremdung. Marcuse kämpft für eine nicht-repressive Gesellschaft; er kämpft für eine Gesellschaft mit kulturellen und wirtschaftlichen Bedingungen, die dem Menschen eine ungehemmte Entfaltung seiner Sexualität ermöglichen. Die Revolution, für die Marcuse eintritt, ist eine sexuelle Revolution.

Es ist interessant zu bemerken, dass Marcuse in der Sexualethik nicht etwa eine Hilfestellung dafür sieht, die eigene Persönlichkeit zu entfalten, sondern ganz im Gegenteil eine Unterdrückung und Bevormundung der Persönlichkeit.

5. Die Notwendigkeit von Utopien

Unter den Vertretern der Frankfurter Schule herrscht eine gewisse Skepsis, was die Fähigkeit des Menschen betrifft, eine bessere Welt herbeizuführen. Sie zweifeln manchmal daran, dass es uns aufgrund unserer Vernunft gelingen kann, zu einer Kultur ohne Entfremdung zu gelangen. Erinnern wir uns daran, dass sie die Ergebnisse des Nationalsozialismus, des sowjetischen Sozialismus und des industriellen Kapitalismus vor Augen hatten. Sie misstrauten instinktiv der Politik.

Allerdings sind sie der Auffassung, dass wir Utopien schaffen müssen, damit sich die Gesellschaft entwickelt. »Utopie« heißt wörtlich »Nirgendwo«. Eine Utopie ist ein politischer Traum, der sich nicht in die Wirklichkeit umsetzen lässt, ist ein Wunsch, der unsere Fähigkeiten übersteigt. Die Frankfurter Schule glaubt, dass die Utopien Idealbilder sind, die man braucht, um zu einer besseren Welt zu gelangen. Die Utopien machen die Ethik möglich, in derselben Weise, wie der praktische Glaube an Gott und an die Seele die kantische Moral möglich machen. Wir wollen uns das durch einen Vergleich klarmachen. Wir alle kennen das Bild: Damit sich ein Pferd fortbewegt, lässt jemand an einer Angelschnur eine Mohrrübe vor seinem Maul herabhängen. Das Tier sieht die Mohrrübe und läuft los, um sie zu schnappen; aber indem es sich fortbewegt, entfernt sich auch die Mohrrübe, weil das Pferd selbst den Reiter und seine Angel trägt. So ähnlich ist es auch mit den Utopien. Nie gelangt man dorthin, aber ohne Ideale kommt die Menschheit auch nicht voran. Die vollkommene Demokratie wird es beispielsweise sicher nie geben, aber wenn wir uns täglich darum bemühen, sie zu erreichen, dann werden wir ihr immer näher kommen. Wenn wir sie dagegen aus der Liste unserer Ideale streichen, dann finden wir uns vielleicht bald in der schlimmsten aller Diktaturen wieder.

Die Utopien sind Hoffnungsträger; sie sind eine Art ethische Motivation. Die Utopien sind Theorien, die die Wirklichkeit verändern, sie sind Theorie und Praxis zugleich. Als Hoffnungsträger sind sie zu einem Religionsersatz geworden.

6. Die kritische Vernunft

Die grundlegende Aufgabe des menschlichen Verstandes – und besonders der Philosophie – ist es, eine kritische Haltung gegenüber der Gesellschaft, der Kultur und dem Staat einzunehmen. Der Intellektuelle muss die Menschlichkeit unentwegt gegen die totalitären Züge der modernen Kultur verteidigen. Die Kritik am *Establishment*, am wirtschaftlichen, politischen und kulturellen System, ist die Aufgabe des Intellektuellen. Diese Einstellung, dieses Auf-Distanz-gehen-Können, beschützt die Gesellschaft vor den Auswüchsen des Systems, besonders des Staates, wenn er nach immer mehr Macht verlangt.

Das befreiende und revolutionäre Vorhaben des Kapitalismus wie auch des Marxismus ist daran gescheitert, dass es keine Kritik an seinen eigenen theoretischen Grundlagen zuließ. Weil es zu keiner wirklichen und wirksamen Selbstkritik kam, hat Stalins Regime bei seinen blutigen Säuberungsaktionen Millionen von sowjetischen Bürgern ermordet. Das zeigt, wie wichtig die Kritik für die Ethik ist. Ohne Kritik kann es keine Befreiung geben, und ohne Kritik gibt es keine Ethik.

Man wirft der Frankfurter Schule gewöhnlich vor, dass sie es mit der Kritik übertrieben hat und dass sie kaum zu sagen wusste, was sie sich anstelle des Kritisierten vorstellte. Der Einwand trifft in einem Punkt zu: Hinter diesen Denkern steht das Gespenst des Skeptizismus und Relativismus. Ihr Entsetzen vor den Totalitarismen brachte sie dazu, die Wahrheit zu fürchten. Weil sie die Intoleranz verabscheuten, haben sie fast alle theoretischen Voraussetzungen und moralischen Normen in ihrer Gültigkeit eingeschränkt.

Es ist gewiss richtig, dass die kritische Haltung eine der wichtigsten Aufgaben der Vernunft ist; aber die Vernunft erschöpft sich nicht in der Kritik. Der menschliche Verstand ist in der Lage, die Wahrheit zu erkennen, wenigstens im Prinzip, so schwierig und anstrengend das auch sein mag. Denn auch wer dies bestreitet, will ja etwas Wahres sagen und setzt dabei voraus, was er bestreitet: dass wir die Wahrheit im Prinzip erkennen können. Und in diesem Sinne ist eine Philosophie, die nur in der Kritik besteht, unzureichend und unvollständig.

Zur Diskussion:

1. Denke einmal darüber nach, ob der Konsumzwang eine Form von Manipulation und Unterdrückung in der kapitalistischen Gesellschaft darstellt. Dazu empfiehlt es sich, eine Liste von konsumistischen Haltungen aufzustellen, die der Jugend vermittelt werden (zum Beispiel, die Zigaretten einer bestimmten Marke zu rauchen, um »dazuzugehören«; Markenkleidung zu tragen, um bei den Freunden anzukommen; nur die allerneueste Musik zu hören, die alle hören, usw.). Versuche, konkrete Maßnahmen vorzuschlagen, wie sich die konsumistische Manipulation eindämmen ließe.

2. Worin siehst du die Vorteile und worin die Grenzen eines demokratischen Systems? Was würde die Frankfurter Schule angesichts dieser Grenzen sagen? Wie würdest du es begründen, dass die Demokratie die beste aller Staatsformen ist?

3. Welches sind die Unterschiede zwischen der Idee der »Befreiung« bei Marx und der Idee der »Befreiung« bei den Vertretern der Frankfurter Schule?

Dritter Teil

Ethische Probleme

Einführung

Wir haben es bereits gesehen: Die Ethik ist ein Wissen, das in die Praxis umgesetzt werden muss. Nur wenn wir uns dazu entscheiden, ein ethisches Leben zu führen, haben wir voll und ganz verstanden, was Ethik bedeutet. Die Ethik ist eine Wissenschaft, mit der man sich beschäftigt, um sie in Handeln umzusetzen. Es reicht nicht, dass wir das moralische Gesetz bloß kennen; wir müssen auch lernen, danach zu leben.

Dieser abschließende Teil unseres Buches will zeigen, wie wichtig es in deinem Leben ist, dass du moralisch urteilen kannst. Um das, was sich im täglichen Leben so abspielt, moralisch richtig bewerten zu können, ist eine besondere Aufmerksamkeit nötig. Man muss bereit sein nachzudenken, muss sich weiterbilden und vor allem den ehrlichen Wunsch haben, ein moralisch gutes Leben zu führen.

Die Themen, mit denen wir uns im Folgenden auseinander setzen, sind nicht als Anlass für Gefühlsausbrüche gedacht oder für bloße Meinungsbekundungen am Stammtisch. Es sind Themen, über die man sich informieren und die man durchdenken muss. Dabei geht es darum, dass wir lernen, das Richtige vom Falschen zu unterscheiden. Und deswegen wäre es unangebracht, sich mit ihnen zu beschäftigen, ohne zuvor den ersten Teil des Buches gelesen zu haben (oder ihn zumindest parallel dazu zu lesen). Es würde uns nämlich nicht weiterbringen, wenn die Diskussionspunkte am Ende der folgenden Kapitel nur dazu dienen, dass jeder einfach seine vorgefertigte Meinung zu diesen Themen verteidigt, ohne sie begründen zu können. Worauf es ankommt, ist, dass ich meine Meinung mit Argumenten belegen kann und mir die richtige Meinung bilde. Es ist nicht so wichtig, dass wir in allen Diskussionen unsere Gegner an die Wand reden oder immer das Gegenteil behaupten, sondern dass wir in den wichtigen Fragen unseres Lebens – des privaten wie des gesellschaftlichen – mit gutem Gewissen die richtigen Urteile fällen. Lies dir deswegen am besten erst ein ganzes Kapitel aufmerksam durch, bevor du dich an die Diskussionspunkte machst. In jedem Kapitel findest du genügend Information, um dir – auf der Grundlage der Überlegungen im ersten Teil – ein vernünftiges ethisches Urteil zu bilden.

Erstes Kapitel

Drogen – ein ethisches Problem

Wären die Drogen nicht solch eigenartige und außergewöhnliche Substanzen, so wäre das Suchtproblem keine so große moralische Herausforderung für die jungen Menschen des neuen Jahrtausends. Das Lustgefühl, das sich einstellt, wenn man zum Beispiel Kokain schnupft, ist so stark, dass es kaum Menschen gibt, die nicht sofort davon abhängig werden. Die Droge übt auf sie eine geradezu magnetische Wirkung aus. Es dauert nur einen kurzen Augenblick, dann gibt das Kokain einem das Gefühl, über eine unvorstellbar große Energie zu verfügen. Alle Körperorgane werden zur Maximalleistung angetrieben. Niemand ist mehr ängstlich und schüchtern, wenn er unter dem Einfluss dieser Droge steht.

Aber nach dreißig oder vierzig Minuten, wenn die Wirkung des Kokains nachlässt, kommt es zu einem fürchterlichen Schwächegefühl, zu einem Zustand der Angst und geistigen Verwirrung. Häufig sind auch die Bewegungsabläufe gestört; unwillkürliche Zuckungen und ein unkontrollierbares Zittern stellen sich ein. Wer aus dem Kokainrausch erwacht, leidet unter Symptomen wie Erstickungsanfällen, Übelkeit, Schwindel, Nasenbluten und kaltem Schweiß. Die Wahrnehmung verändert sich, Gegenstände nehmen bedrohliche Formen an, und in Halluzinationen sieht man Gestalten, die es gar nicht gibt. Manche Leute haben das Gefühl, als kröchen Tausende von Insekten unter ihrer Haut, und fügen sich durch vieles Kratzen selbst Verletzungen zu. Das Schlimmste dabei ist, dass das Schwächegefühl und der Angstzustand nicht nachlassen, bis der Süchtige die Droge erneut zu sich nimmt. Das Bedürfnis nach einer neuen Dosis wird immer dringender und macht viele junge Menschen zu Verbrechern oder treibt sie in die Prostitution.

Weil das Leben so vieler Menschen durch Drogen verpfuscht worden ist, ist es von äußerster Wichtigkeit zu begreifen, dass die Drogen ein ethisches Problem darstellen – ein Problem, zu dem wir klar Stellung beziehen müssen. Doch nicht nur wegen seiner verheerenden Konsequenzen ist der Drogenkonsum ein moralisches Problem; es widerspricht auch der menschlichen Natur, von Drogen abhängig zu sein. Drogenabhängigkeit ist mit der Würde des Menschen nicht zu vereinbaren.

Führen wir uns aber zuerst die Tatsachen vor Augen:

1. Tatsachen

Drogen sind Substanzen, die beim Menschen einen körperlich oder geistig angenehmen Zustand hervorrufen, wobei der Mensch nach und nach von ihnen abhängig wird; er benötigt immer größere Mengen dieser Substanz oder andere, noch stärkere Drogen.

Man unterscheidet gewöhnlich zwischen weichen Drogen (wie etwa Marihuana) und harten Drogen (wie etwa Heroin). Die harten Drogen zeichnen sich dadurch aus, dass sie eine körperliche Abhängigkeit erzeugen, die sich nur schwer wieder rückgängig machen lässt. Was die weichen Drogen betrifft, so dachte man bis vor kurzem, dass sie lediglich eine psychische Abhängigkeit erzeugen und vor allem deswegen gefährlich sind, weil ihr Konsum oftmals nur der erste Schritt auf dem Weg zu den harten Drogen ist. Neuerdings geht die Medizin jedoch davon aus, dass auch die weichen Drogen eine körperliche Abhängigkeit hervorrufen können: Bei bestimmten Menschen kann schon der gelegentliche Konsum von weichen Drogen zu dauerhaften Suchterscheinungen führen.

2. Das ethische Problem

Zwei schwerwiegende Probleme unserer Gesellschaft stehen in unmittelbarem Zusammenhang mit Drogen: der Drogenhandel und der Drogenkonsum. Dabei ist der Drogenkonsum das in jeder Hinsicht zentrale Problem: Wenn es ethisch nicht zu vertreten ist, Drogen zu nehmen und sich von ihnen abhängig zu machen, dann ist es folglich ethisch ebenso wenig zu vertreten, dass man mit Drogen handelt. Hinzu kommt, dass die Hauptursache des Drogenhandels natürlich die Nachfrage nach Drogen ist, also der Drogenkonsum (wenn auch nicht übersehen werden darf, dass die Drogenhändler viele Leute erst zum Drogenkonsum verführen). Deswegen wollen wir hier das Augenmerk auf die ethischen Probleme des Drogen*konsums* richten.

Die Drogen sind keine Erfindung des 20. Jahrhunderts. Seit vielen Jahrhunderten kennen Menschen die Wirkungen von Drogen und benutzen sie zu zwei verschiedenen Zwecken:

a) *Medizinischer oder therapeutischer Einsatz:* Drogen werden eingesetzt, um Schmerzen zu lindern und körperliche oder seelische Störungen zu behandeln. Gegen die Verwendung von Drogen in der Medizin – selbst wenn der Patient dadurch zeitweise das Bewusstsein verliert – ist moralisch nichts einzuwenden, wenn man dadurch einem Kranken das Leben retten oder seine Lebensqualität verbessern kann. Das Wohl des Körpers ist dem Wohl der einzelnen Organe, aus denen er sich zusammensetzt, übergeordnet. Wie es richtig ist, einem Patienten den von einem Krebsgeschwür befallenen Arm zu amputieren, wenn es keine andere Möglichkeit gibt, sein Leben zu retten, so ist es auch erlaubt, einem Krebsleidenden oder einem schwer Geisteskranken Drogen zu verabreichen und zeitweise sein Bewusstsein auszuschalten, solange es zu seinem Wohl geschieht. (Im ersten Teil dieses Buches haben wir bereits die

Idee einer *Hierarchie der Werte* kennen gelernt.) Der Arzt jedenfalls, der allein über das notwendige Fachwissen verfügt, trägt eine große Verantwortung, wenn er dem Patienten Drogen verabreicht, denn er muss immer das Suchtrisiko mit einkalkulieren. Es ist nicht dasselbe, ob er einem Patienten mit einer Blinddarmentzündung Morphium gibt oder einem Krebskranken im fortgeschrittenen Stadium. Wenn ein unheilbar Kranker, der bereits im Sterben liegt, von Morphium abhängig wird, dann ist das nicht mehr groß von Bedeutung. Insgesamt gesehen lässt sich sagen: Gegen den therapeutischen Einsatz von Drogen ist – mit den erwähnten Einschränkungen – ethisch nicht viel einzuwenden.

b) *Hervorrufen außergewöhnlicher Wahrnehmungen und Gefühle:* In diesem Falle werden die Drogen konsumiert, um mit ihrer Hilfe der Wirklichkeit zu entfliehen, angenehme Gefühle zu erzeugen, sich zu entspannen oder um seine körperlichen und geistigen Fähigkeiten kurzfristig zu erweitern. Dieser Gebrauch – oder besser Missbrauch – der Drogen widerspricht aus zwei Gründen der menschlichen Natur und ist darum aus ethischer Sicht abzulehnen:

aa) Er beeinträchtigt die Fähigkeiten unserer Vernunft. Wer zum Beispiel eine Droge nimmt, um seine Arbeitsleistung zu steigern und drei Tage und Nächte durcharbeiten zu können, dessen Verhalten steht im Widerspruch zu seiner Natur; denn der Mensch ist von Natur aus darauf angewiesen, von seiner Arbeit auszuruhen. Genauso widerspricht es der Natur des Menschen, wenn er zu LSD oder zu Marihuana greift, um bei sich Halluzinationen hervorzurufen; denn Halluzinationen sind für den Menschen nichts Natürliches, sondern etwas Krankhaftes. Der Mensch ist ein vernunftbegabtes Lebewesen und deshalb ist das Verhalten des Drogenabhängigen gegen seine eigene Natur gerichtet.

bb) Seine Folgen machen ein gelungenes Menschsein unmöglich. Wer von Drogen abhängig wird, ruiniert seine körperliche und geistige Gesundheit; er gerät in die

Zwangslage, sich immer neuen Stoff besorgen zu müssen, weswegen er oftmals zum Kriminellen wird oder seinen Körper verkauft. Seine Arbeitsleistung lässt nach, er bekommt berufliche Probleme, wird meistens ins soziale Abseits gedrängt, entfremdet sich von Freunden und Familie – die Liste seiner Probleme ließe sich noch lange fortsetzen.

3. Ein Einwand: gesellschaftlich anerkannte Drogen

Häufig wird versucht, den Gebrauch von Drogen zum Hervorrufen außergewöhnlicher Wahrnehmungen und Gefühle (b) mit dem folgenden Argument zu rechtfertigen: Man verweist darauf, dass der Konsum einer Reihe von »Drogen« in unserer Gesellschaft nicht bestraft oder sogar als normal angesehen wird; so ist es bei Tee und Kaffee, Tabak und Alkohol. Wenn wir eine Tasse Kaffee trinken, wandern wir dafür nicht ins Gefängnis. Ebenso wenig sollte – so heißt es dann – der Konsum anderer Drogen wie Marihuana bestraft werden. Auch diese Drogen sollten von der Gesellschaft akzeptiert werden.

Diesem Einwand kann man aber zwei Dinge entgegenhalten:

a) Ein Problem löst man nicht dadurch, dass man noch ein zweites hinzufügt. Wenn es zutrifft, dass Alkohol und Tabak gesundheitsschädlich sind und abhängig machen, dann bedeutet das, dass wir den Konsum von Alkohol und Tabak bekämpfen müssen. Es wäre doch eigenartig, wenn wir einerseits anerkennen, dass Alkohol und Tabak Drogen sind, und andererseits fordern, dass wir die Liste der gesellschaftlich anerkannten Drogen noch verlängern sollen. Logisch wäre es vielmehr, den Alkohol- und Tabakkonsum zu bekämpfen und zugleich dafür zu sorgen, dass Marihuana nicht noch zu einer weiteren Volksdroge wird.

b) Kaffee, Tabak und Alkohol zu konsumieren ist kein gegen unsere menschliche Natur gerichtetes Verhalten, sofern es in Maßen geschieht. Wenn man es nicht übertreibt, hat ihr Konsum keine unnatürlichen Folgen – wir bekommen keine Halluzinationen davon und unser Leistungsvermögen wächst nicht über sich hinaus. Vom Kaffee kann man, streng genommen, nicht süchtig werden. Das Tabakrauchen – wenn es auch unserer Gesundheit schadet – hat nicht zur Folge, dass wir unser Bewusstsein verlieren, und ruft keine Halluzinationen hervor. Alkohol schadet nur, wenn wir ihn übermäßig zu uns nehmen, und hat sogar einen Nährwert. Sobald wir allerdings mit einem dieser Genussmittel Missbrauch betreiben, sobald wir durch übermäßigen Konsum unsere Gesundheit aufs Spiel setzen oder unsere Vernunft beeinträchtigen, handeln wir nicht länger im Einklang mit unserer Natur. Sich zu betrinken, ist ein gegen die menschliche Natur gerichtetes Verhalten und daher moralisch abzulehnen; aber während ein einziger *Joint* immer Wirkungen zeigt, die mit unserer Natur nicht zu vereinbaren sind, zeigt ein einziges Glas Wein bei den meisten Menschen noch keine solchen Wirkungen.

4. Warum werden Drogen konsumiert?

Wenn es aber so einfach ist einzusehen, dass der Drogenkonsum ein erfülltes Menschsein nicht zulässt – wie kommt es dann, dass er derart weit verbreitet ist? Hier kommen gleich mehrere Gründe – charakterliche, soziale und kulturelle – zusammen. Drei besonders wichtige wollen wir uns kurz ansehen:

a) *Flucht vor der Wirklichkeit zu Hause:* Viele Drogenabhängige stammen aus einem zerrütteten Elternhaus. Ist die Familie von Gewalt, Egoismus, geistiger und materieller Armut, Streit und Alkoholismus geprägt, suchen viele Jugendliche Trost und Vergessen in der Scheinwelt der Drogen und des Alkohols. Es gibt kaum einen besseren Schutz vor Drogen als die liebevolle Umgebung einer funktionierenden Familie.

b) *Grenzenloses Verlangen nach immer neuen Erfahrungen:* Ein unreifer Mensch, der seine Triebe nicht beherrscht, der immer neues Vergnügen sucht und immer neue Gefühle kennen lernen und auskosten will, wird leicht zu Drogen greifen. Nicht von ungefähr stellt man den Drogenkonsum häufig in eine Reihe mit dem exzessiven Genuss von Alkohol und einem hemmungslosen Ausleben der Sexualität.

c) *Streben nach sozialer Anerkennung:* Unter jungen Menschen ist es weit verbreitet, dass man Drogen nimmt, um in der Clique anerkannt zu sein; dass man mitmacht, einfach um irgendwie »dazuzugehören«. Ein junger Mensch, dessen Freunde Drogen nehmen, fühlt sich leicht als Außenseiter, wenn er das nicht auch tut. Die Versuchung ist groß, dass er es ihnen nachmacht, um in der Gruppe anerkannt zu sein. Nur wenn er reif genug ist, kann er dieser Versuchung widerstehen und nein sagen. Im ersten Teil dieses Buches haben wir schon gesehen, wie wichtig die Gemeinschaft guter Menschen – besonders innerhalb der Familie und im Freundeskreis – für ein gelungenes Leben, für ein geglücktes Menschsein ist.

5. Die Folgen

Der Drogenkonsum ist eine gegen die menschliche Natur gerichtete Verhaltensweise. Im Vergleich zu vielen anderen Verhaltensweisen, die ebenfalls der Würde des Menschen widersprechen, hat der Drogenkonsum sogar ganz besonders schwerwiegende Folgen. Diese Folgen betreffen drei Bereiche: den einzelnen Menschen, seine Familie und die ganze Gesellschaft.

a) *Der einzelne Mensch:* Der Drogenkonsum stellt eine schwere gesundheitliche und psychische Belastung des Abhängigen selbst dar. Der Drogenabhängige erniedrigt sich selbst, weil er das Wertvollste in sich, seine Vernunft, ausschaltet. Das ist mit seiner Würde als Mensch, mit seinem Personsein, nicht zu vereinbaren.

b) *Die Familie:* Der Drogenabhängige fügt seiner Familie und seinen Freunden viel Leid zu. Wenn er, um sich auch weiter mit Drogen versorgen zu können, ins Kriminellen- oder Rotlichtmilieu gerät, gefährdet er damit womöglich sogar die Sicherheit seiner liebsten Freunde und Angehörigen.

c) *Die Gesellschaft:* Drogensüchtige tragen zur Verbreitung des Verbrechens bei. Sie zwingen den Staat, große Geldsummen für soziale Programme und Entziehungskuren auszugeben – Gelder, die sonst vielleicht dazu eingesetzt werden könnten, die Armut zu bekämpfen; und sie bringen die Gesellschaft um den Beitrag, den sie ohne ihre Drogensucht durch ihre Arbeit leisten könnten. Dass es so viele Drogensüchtige gibt, ist schließlich der Hauptgrund für den weltweiten Drogenhandel – mit all der Gewalt und Korruption, die damit verbunden ist.

Aber wie auch immer: Das grundlegende ethische Problem beim Drogenkonsum sind nicht die Folgen. Vielmehr ist, wie wir gesehen haben, die Drogensucht an sich schon eine unmoralische Verhaltensweise, weil sie gegen die menschliche Natur gerichtet ist. Der Mensch ist ein vernunftbegabtes Lebewesen. Mit Hilfe der Vernunft kontrolliert der Mensch seine Triebe. Wenn unser Verstand Wahres erkennt und unser Wille auf das Gute ausgerichtet ist, dann haben wir uns voll und ganz als Mensch verwirklicht – zu diesem Ergebnis sind wir im ersten Teil dieses Buches gekommen. Der Drogensüchtige dagegen schaltet seine Vernunft absichtlich aus und versucht, sie künstlich zu unterdrücken. Unter diesen Umständen ist ein erfülltes menschliches Leben aber niemals möglich. So kann das menschliche Leben niemals glücken; so ist es immer zum Scheitern verurteilt.

Zur Diskussion:

1. Wie ließe sich deiner Meinung nach der Drogenkonsum unter jungen Menschen noch wirkungsvoller bekämpfen? Was sollte der Staat und was könnte jeder Einzelne tun, damit weniger junge Leute zu Drogen greifen?

2. Wie würdest du einem Freund, der Marihuana ausprobieren will, erklären, dass dies eine gegen seine eigene Natur gerichtete Handlung ist?

3. Der französische Dichter Arthur Rimbaud war der Ansicht, dass der Ursprung der Dichtung in einem in jeder Hinsicht ungeordneten Lebensstil liegt. Einige moderne Maler und Rockmusiker haben unter dem Einfluss von Drogen gemalt und komponiert. – Glaubst du, dass ein Mensch nur unter diesen Voraussetzungen wirklich kreativ sein kann? Muss man unter Drogeneinfluss stehen oder wenigstens Erfahrungen mit Drogen gesammelt haben, um gute Musik zu komponieren?

Zweites Kapitel

Ökologie und die Achtung vor der Natur

1. Das ökologische Desaster

Mexico City, die größte Stadt der Welt, produziert jeden Tag elftausend Tonnen Müll. Aufgrund der thermischen Bedingungen im Tal von Mexiko, wo diese Stadt liegt, gibt es dort so häufig Smog, dass es heißt – halb im Spaß und halb im Ernst –, der Bewohner von Mexico City sei das einzige menschliche Wesen, das von Blei und Ozon leben kann. Täglich werden Hunderte von Hektar des amazonischen Regenwaldes zerstört. Man geht davon aus, dass in sechzig Jahren die nachgewiesenen Weltölreserven ihrem Ende entgegengehen. Die fürchterlichen Dürreperioden in Afrika, die tödliche Hungersnöte hervorgerufen haben, scheinen durch die weltweite Zerstörung des Waldes mitverursacht zu sein. Die Ökosysteme der Welt befinden sich in einer gefährlichen Unordnung und bedrohen sogar das Leben des Menschen. Viele Formen von Krebserkrankungen werden durch Umweltgifte und industrielle Abfälle begünstigt. Die Neurodermitis ist zur häufigsten Hautkrankheit geworden und geht in den meisten Fällen wohl auf Kontakt mit verschmutztem Wasser zurück. Ein nordamerikanisches Unternehmen führt Gerichtsprozesse, um seine nuklearen Abfälle in Mexiko lagern zu können. Die globale Erwärmung der Atmosphäre infolge der Zerstörung der Ozonschicht führt dazu, dass das Eis am Nordpol langsam schmilzt; eine Folge davon ist, dass der Pegel des Michigan-Sees und der anderen großen Seen Nordamerikas täglich steigt. Zugleich schätzt man, dass die Wüste bereits vierzig Prozent der Fläche Mexikos bedeckt. In den USA stoßen die Motoren der Fahrzeuge und die Schornsteine der Fabriken dreiundzwanzig Millionen Tonnen Schwefeldioxid im Jahr aus; dadurch entsteht Tausende Kilometer weiter der saure Regen, an dem das Leben im Wasser und im Wald zugrunde geht.

Die ökologische Krise ist längst keine Erfindung mehr oder ein Anliegen von Umweltromantikern. Nichts ist offensichtlicher: Wenn es uns nicht gelingt, die Ausbeutung der Bodenschätze und unseren ganzen Umgang mit der Natur radikal zu verändern, dann besteht die große Gefahr, dass das empfindliche ökologische Gleichgewicht unseres Planeten umkippt.

2. Zwei Theorien: *Deep Ecology* und *Shallow Ecology*

Die Ökologie ist die Wissenschaft, die sich mit den Beziehungen beschäftigt, die alle Lebewesen auf der Erde miteinander verbinden. In einem weiteren Sinne bedeutet »ökologisch« auch eine bestimmte Einstellung der Natur gegenüber. Wer ökologisch denkt, will die Rolle des Menschen innerhalb der Natur neu bestimmen. Inzwischen spricht man von einer neuen Ethik, der ökologischen Ethik.

Es gibt zwei große ökologische Theorien oder Strömungen. Man nennt sie häufig *Deep Ecology* (»tiefe Ökologie«) und *Shallow Ecology* (»oberflächliche Ökologie«), wenn auch diese letztere Bezeichnung eigentlich nicht angemessen ist, da sie schon eine negative Wertung der *Shallow Ecology* zu beinhalten scheint.

a) Die *»tiefe« Ökologie* behauptet, dass das ökologische Ungleichgewicht zustande kam, weil man glaubte, dass der Mensch der Mittelpunkt des Universums sei. Die Vertreter dieser Richtung sind der Meinung, dass es einer neuen Ethik bedarf, einer geozentrischen Ethik; das ist eine Ethik, in der sich alles um die Natur dreht und nicht alles um den Menschen. Für sie ist der Mensch nur ein Wesen der natürlichen Welt unter vielen, ohne dass ihm dort ein besonderer Platz zukommt oder zukommen dürfte. Der Mensch ist nur ein weiterer Bestandteil des Ökosystems. Die Natur und die Tiere haben Rechte, die wir achten müssen. Und die natürliche Welt und die Tiere verfügen über eine Würde, die derjenigen des Menschen gleichkommt. Die »tiefe« Ökologie hat im Allgemeinen Angst vor der Technologie und fordert, die Eingriffe in die Natur auf ein Mindestmaß zu reduzieren. Ihre Anhänger fordern, dass wir unsere – wie sie sagen – *anthropozentrische* Ethik mit dem Menschen als Mittelpunkt durch eine *geozentrische* Ethik ersetzen. Es geht ihnen sozusagen darum, den Menschen als die »Krone der Schöpfung« vom Thron zu stoßen. Schuld an der ökologischen Katastrophe sind für die »tiefe« Ökologie besonders die jüdische und die christliche Religion; denn die Bibel, so sagen ihre Vertreter, fördert die widersinnige Ausbeutung der Natur, indem sie den Menschen zum Höhepunkt der Schöpfung erklärt. Das jedoch ist ein Missverständnis des christlichen Schöpfungsauftrages: Die Vertreter der »tiefen« Ökologie glauben, dass die Anerkennung einer besonderen Würde des Menschen, wie die Christen sie verkünden, ein Freibrief zur Zerstörung der Natur ist. Sie übersehen aber, dass für die Christen die ganze Natur Gottes Schöpfung ist und daher vom Menschen geachtet werden muss. Das schönste Beispiel dafür ist die Liebe, die den heiligen Franz von Assisi mit der Natur verbunden hat.

b) Die *»oberflächliche« Ökologie* widerspricht der »tiefen« Ökologie. Ihr zufolge ist der Mensch tatsächlich ein ganz besonderes Lebewesen, das mit den übrigen Tieren nicht auf einer Stufe steht. Aber sie hält daran fest, dass der Mensch die Natur nicht in unvernünftiger Weise behandeln darf. Die Natur steht dem Menschen zu Diensten; doch bedeutet das nicht, dass er sie behandeln kann, wie er will. Der Mensch muss die Natur achten, er darf sie nicht sinnlos ausbeuten; er darf keine lebenden Arten vernichten und die natürlichen Rohstoffe nicht völlig aufbrauchen. Wenn der

Mensch gegen die natürliche Ordnung verstößt, dann verhalt er sich unvernünftig und verstößt damit auch gegen seine eigene Natur, das heißt, er ist dann kein guter Mensch mehr. Die Lösung des Umweltproblems ist eine Umweltethik, die dem Menschen ins Bewusstsein ruft, dass er nicht alles tun darf, was man mit den Mitteln der Technik tun kann (zum Beispiel einen Wald abholzen, um einen Golfplatz zu bauen). Die »oberflächliche« Ökologie will nicht die *anthropozentrische* Ethik durch eine *geozentrische* Ethik ersetzen; sie will dem Menschen bloß bewusst machen, dass er nicht der uneingeschränkte Herr der natürlichen Welt ist und dass er, wenn er die Natur zerstört, auch sich selbst zerstört.

3. Haben Tiere Rechte?

Die Anhänger der »tiefen« Ökologie glauben, dass Tiere wie Menschen Rechte haben und dass ihnen darum eine Würde zukommt, die mit der Würde des Menschen vergleichbar ist. Diese Behauptung stellt die Anhänger der »tiefen« Ökologie vor verschiedene Probleme. Warum können die Tiere ihre Rechte nicht selbst verteidigen? Warum brauchen die Tiere den Menschen, um ihre Rechte zu verteidigen? Können Wesen ohne Vernunft überhaupt Rechte haben? Auf diese Fragen weiß die *Deep Ecology* keine befriedigende Antwort zu geben. Unsere Überlegungen im ersten Teil des Buches haben gezeigt, warum das so ist.

Auf jeden Fall stellt sich der Ethik eine schwierige Frage: Welche Art von Würde haben die Tiere? Die Antwort hierauf hängt von unserem Begriff vom Menschen ab. Im ersten Teil dieses Buches haben wir immer wieder hervorgehoben, wie unser Begriff vom Menschen für die ganze Ethik entscheidend ist. Von unserem Begriff des Menschen hängt ab, wie wir unser Verhältnis zu den Tieren sehen. Der Mensch ist ein vernünftiges Lebewesen, das sich dadurch vor den

Tieren auszeichnet, dass es eine geistige Dimension besitzt – eine Dimension, durch die es in Freiheit über sich selbst bestimmen kann. Also ist der Mensch den Tieren nicht gleichgestellt. Der Mensch ist etwas ganz Besonderes in der Natur. Und genau diese Freiheit und sein Wissen versetzen ihn in die Lage, die Natur entweder zu zerstören oder sie zu schützen. Das Wohlergehen der Natur hängt überwiegend vom Menschen ab; das natürliche Gleichgewicht ist in die Verantwortung des Menschen gestellt. Darum haben einige Theologen den Menschen den »Gärtner der Schöpfung« genannt; denn er hat die Aufgabe, auf die Natur und ihre Bewohner zu achten.

Ein anderes interessantes Problem ist die Grausamkeit gegenüber Tieren. Was darf der Mensch mit den Tieren machen? Ist es vernünftig, Tiere unnötig grausam zu behandeln wie bei den Stierkämpfen oder in den Legebatterien? Erniedrigt der Mensch sich nicht selbst, wenn er Tiere unnötig leiden lässt? Ist es vernünftig, in seiner Freizeit auf Wildenten zu schießen? Ist es natürlich, den Lebensraum vieler Tiere zuzubetonieren?

4. Die Grenzen der Technik

Die ökologische Bewegung hat der modernen Welt etwas in Erinnerung gerufen, was die Philosophen im alten Griechenland schon bemerkt hatten: Die Technik darf nicht alles, was sie kann. Die Technik unterliegt der ethischen Bewertung. Die ethischen Regeln – und dazu gehört, die Natur zu achten – gelten für die Technik wie für jede andere Tätigkeit des Menschen. Wenn wir die natürliche Welt bis zur Unkenntlichkeit verändern, dann wird sie uns das am Ende heimzahlen. Der Mensch ist nicht das Maß der Natur. Es gibt eine natürliche Ordnung, die wir achten müssen. Der Mensch darf sich nicht über sie hinwegsetzen. Wenn wir die natürliche Ordnung nicht respektieren, dann verursachen wir eine Störung des Gleichgewichts und schädigen damit letzten Endes uns selbst. Wie das Sprichwort sagt: »Gott verzeiht immer, die Menschen manchmal, die Natur nie.«

Eines der grundlegendsten ethischen Probleme heute ist: Wie lässt sich die Achtung vor der Natur mit dem technischen Fortschritt vereinbaren? Du wirst dich vielleicht daran erinnern, worauf wir im ersten Teil des Buches hingewiesen haben: Es liegt in der Natur des Menschen, Technik und Kultur zu schaffen. Der Mensch ist biologisch überhaupt nur lebensfähig, weil er über die Fähigkeit verfügt, die Natur zu seinen Gunsten zu verändern. Der Mensch muss sich Werkzeuge anfertigen, um zu überleben. Würde der Mensch keine Bäume abholzen, keine Metalle abbauen, würde er keine Samenkörner aussäen, so könnte er überhaupt nicht überleben. Die Schimpansen und die Delphine brauchen zum Überleben keine Technik und Kultur; der Mensch braucht sie unbedingt. Folglich ist es nur natürlich, wenn das Lebewesen Mensch in die natürliche Welt eingreift. Die Aufgaben der Ökologie und der Ethik sind es herauszufinden, worin das Gleichgewicht besteht – die goldene Mitte zwischen einer unvernünftigen Ausbeutung der Natur und einem Leben als Wilder.

5. Ökologie und die Grenzen des Privateigentums

Der Kapitalismus des 19. Jahrhunderts hat die Idee verbreitet, dass das Recht auf Privateigentum uneingeschränkt gelte, dass es ein Recht zum Gebrauch, Genuss und Missbrauch unseres Besitzes sei. Ein Eigentümer, so dachte man, könne mit seinem Besitz anfangen, was er wolle. Diese Einstellung war für die Umwelt verhängnisvoll.

Die Ökologie hat deutlich gemacht, wie sehr eine Erneuerung der Eigentumsethik notwendig ist. Der einzelne Mensch ist kein uneingeschränkter Herr über den Teil der

Erde, der ihm »gehört«, und über ihre Rohstoffe. In irgendeinem Sinne gehören die Rohstoffe der ganzen Menschheit. Auch auf materieller Ebene gibt es so etwas wie eine Einheit und Solidarität der Gattung Mensch. Wenn ein Land alle seine Wälder rodet, dann ändert sich in einem anderen Land das Klima. So geht man zum Beispiel davon aus, dass die Klimaveränderungen in Kalifornien durch die Zerstörung des tropischen Regenwaldes am Amazonas verursacht wurden. Wir sahen das schon am Beispiel des sauren Regens: Die Ursache – die Gase fossiler Brennstoffe – und ihre Auswirkungen – der saure Regen – können Tausende von Kilometern auseinander liegen. Wenn unsere Generation die Ozonschicht zerstört, werden unsere Enkel mit den katastrophalen Auswirkungen einer Erwärmung der Erdatmosphäre zu kämpfen haben. Nur vierzig Prozent der Kinder, die heute in Russland zur Welt kommen, sind gesund: Die früheren Regierungen haben dort den Umweltschutz vernachlässigt. Es gibt eine Verbundenheit der Menschheit untereinander, die über die Grenzen der Länder hinausreicht (was am Amazonas geschieht, wirkt sich in Kalifornien aus) und auch über das jeweilige Zeitalter, in dem wir leben (ich lebe in der Welt, die mir von meinen Eltern überlassen wurde).

Deswegen muss die ökologische Ethik von neuem über die Grenzen des Rechtes an Privateigentum nachdenken. Ein Mensch, der auf seinem Grundstück alle Bäume abholzt, beeinträchtigt das Klima der umliegenden Gebiete. Die ökologische Ethik stellt die Moral des *Cowboys* in Frage. Das Einzige, was für den Cowboy zählte, waren seine Ranch und seine Kühe; was jenseits seines Geländes passierte, war ihm egal. Der Cowboy arbeitete für einen privaten Grundbesitzer. Die Grenzen seiner Ländereien waren die Grenzen der Welt des Cowboys. Die ökologische Ethik dagegen erinnert uns daran, dass wir alle in einem Boot sitzen: im wankenden Boot der natürlichen Welt.

Zur Diskussion:

1. Sieh dir den Film Jurassic Park *(USA 1993) an. Bedarf der wissenschaftliche und technische Fortschritt einer Ethik? Warum?*

2. Ein amerikanischer Millionär hat sein ganzes Vermögen seiner Katze vererbt. Hältst du es für moralisch richtig, dass sein Haustier nach seinem Tod im größten Luxus lebt, während jedes Jahr Tausende afrikanischer Kinder verhungern?

3. Im Gegensatz zu vielen anderen Ländern der Welt gibt es in Deutschland ein gewisses ökologisches Bewusstsein; aber es ist nur bei einem Teil der Bevölkerung vorhanden. Überlege einmal, was man tun könnte, um noch mehr Menschen zu Umwelt- und Naturschützern zu machen.

Drittes Kapitel

Die Todesstrafe

1. Kapitalverbrechen und Todesstrafe

Unter einem Verbrechen verstehen wir das Verhalten eines Menschen, das dem Gesetz entgegensteht, schwer schuldhaft ist und von der Rechtsordnung als solches eingestuft wird. Die Strafe ist die vom Gesetz vorgesehene Ahndung des Verbrechens. Es gibt verschiedene Arten der Strafe: Verwarnungsgelder, die Rechtseinschränkung und den Rechtsentzug (etwa den Entzug des Rechts, ein öffentliches Amt zu bekleiden), die Einschränkung der Freiheit und den Freiheitsentzug (Hausarrest, Gefängnis usw.); und schließlich gibt es die Todesstrafe, bei der der Verbrecher mit seinem Leben büßt.

Historisch gesehen, war die Todesstrafe bei praktisch allen Völkern verbreitet. Erst im 20. Jahrhundert wurde sie verstärkt in Frage gestellt. Bei uns in Mexiko ist in letzter Zeit ein heftiger Streit über die Todesstrafe ausgebrochen: Die ständig wachsende Kriminalität und Gewalt, an der unser Land fast wie an einer Epidemie leidet, hat in bestimmten Teilen der Gesellschaft die Forderung aufkommen lassen, mit harter Hand gegen Verbrecher vorzugehen. Viele sind der Meinung, dass unser Land die Todesstrafe wieder einführen sollte, um die Kriminalität einzudämmen; andere sind dagegen. Dabei werden auf beiden Seiten verschiedene Argumente vorgebracht, von denen wir im Folgenden die wichtigsten nennen wollen.

2. Argumente für die Todesstrafe

a) Ein einzelner Mensch hat das Recht, sich gegen einen schwerwiegenden und ungerechten Angriff selbst zu verteidigen. Und wie das Recht uns nicht bestraft, wenn wir beweisen können, dass wir den Angreifer in legitimer Selbstverteidigung getötet haben, so hat auch der Staat das Recht zur legitimen Selbstverteidigung. Er darf besonders gefährliche und unverbesserliche Verbrecher hinrichten.

b) Die Todesstrafe ist die einzige angemessene Strafe für besonders brutale und unmenschliche Verbrechen wie etwa die Entführung und Ermordung von Kindern, deren Organe teuer verkauft werden.

c) Die Todesstrafe hat eine abschreckende Wirkung auf mögliche Straftäter und trägt folglich dazu bei, viele schwere Verbrechen zu vermeiden. Potentielle Täter werden es sich zweimal überlegen, bevor sie ein schweres Verbrechen begehen, da sie wissen, dass man sie hinrichten wird, wenn sie erwischt und überführt werden.

3. Argumente gegen die Todesstrafe

a) Staatsanwälte und Richter irren sich häufig; an einer vollstreckten Todesstrafe aber lässt sich absolut nichts mehr ändern. Die Beispiele von Justizirrtümern, wo ein unschuldiger Mensch seiner Freiheit beraubt wird und sie erst Jahre später wieder zurückerhält, sind Warnung genug, das Risiko eines Irrtums bei der Verhängung der Todesstrafe erst gar nicht einzugehen. Eine ungerecht verhängte Gefängnisstrafe kann nie wirklich wieder gutgemacht werden – denn wie sollte man einem unschuldig Verurteilten die im Gefängnis verlorene Zeit wieder zurückgeben? Und noch viel weniger kann man einem aufgrund eines Justizirrtums Hingerichteten Wiedergutmachung leisten.

b) Niemand kann mit Sicherheit sagen, dass ein bestimmter Verbrecher völlig unbelehrbar ist. Der Mensch ist frei, und deshalb kann er sein Leben wieder auf den rechten Weg zurückführen, wenn er auf die schiefe Bahn geraten ist. Kein Mensch ist absolut verkommen, kein Mensch ist ein unheilbares Geschwür am Organismus der Gemeinschaft.

c) Die geschichtliche Erfahrung zeigt, dass die Todesstrafe nicht zu weniger Verbrechen geführt hat. Weder die Guillotine in Frankreich noch der elektrische Stuhl in den Vereinigten Staaten haben die Zahl der Verbrechen verringern können.

d) Die Richter sind auch nur Menschen aus Fleisch und Blut. Wenn wir an das Motto des Mafioso denken: »Jeder hat seinen Preis«, wird klar, dass wir nicht ausschließen können, dass auch einmal ein Richter gekauft sein könnte. Es besteht zumindest die Möglichkeit, dass die Reichen und Mächtigen (die Drogenbosse zum Beispiel) sich der Todesstrafe bedienen, um ihre Rivalen zu beseitigen.

4. Das ethische Problem

Wer glaubt, dass die Todesstrafe mit der menschlichen Natur nicht zu vereinbaren ist und dass sie folglich niemals in ein Strafgesetzbuch Eingang finden darf, der muss sich über Folgendes im Klaren sein: Wenn man behauptet, dass die Todesstrafe *absolut* unzulässig ist, dann bedeutet das, dass es sich um eine unmoralische Strafe handelt: Alle Hinrichtungen in der Vergangenheit wären dann unmoralisch gewesen und ebenso wären auch alle zukünftigen Hinrichtungen in jedem Falle unmoralisch. Demnach wäre es eine Ungerechtigkeit gewesen, dass man die schlimmsten der Nazi-Kriegsverbrecher zum Tode verurteilt und hingerichtet hat. Ganz gleich, wie viele tausend Menschen ein Verbrecher auf dem Gewissen hat, niemand dürfte deswegen zum Tode verurteilt werden. Ein Verbrechen könnte noch so grausam und unmenschlich sein, man würde dafür jedoch nie die Todesstrafe verdienen.

Wenn man also behauptet, dass die Ethik die Todesstrafe verbietet, dann sagt man damit, dass der Staat niemals und unter keinen Umständen das Recht hat, irgendeine Person hinzurichten.

Wie auch immer, die Diskussion über die Vernünftigkeit der Todesstrafe ist noch im Gange. Von einigen Ausnahmen abgesehen, wird sie heute aber in immer weniger Ländern verhängt und selbst dann nicht immer vollstreckt.

Wir wollen zum Schluss noch einmal anmerken, dass es eines ist, die Frage zu diskutieren, ob die Todesstrafe grundsätzlich erlaubt ist, und etwas anderes, über die Erlaubtheit ihrer Anwendung im konkreten Fall zu streiten. So kann man zum Beispiel der Meinung sein, dass die Todesstrafe erlaubt ist, aber zugleich die Ansicht vertreten, dass man sie nicht anwenden darf, wenn jemand unter dem Einfluss von Alkohol oder Drogen einen Mord begangen hat. Wer die Todesstrafe verteidigt, muss auch eine Vorstellung davon haben, unter welchen Umständen es erlaubt ist, jemanden mit dem Tod zu bestrafen, und unter welchen nicht.

Zur Diskussion:

1. *Informiere dich darüber, in welchen Ländern heute noch die Todesstrafe verhängt wird und wo sie am häufigsten vollstreckt wird. Warum gerade in diesen Ländern?*

2. *In Deutschland sind die meisten gebildeten Menschen gegen die Todesstrafe, in den USA sind die meisten dafür. Woran, glaubst du, könnte das liegen?*

3. *Schau dir den Film* Im Sumpf des Verbrechens *(*Just Cause*, USA 1995) an. Hat sich deine Einstellung zur Todesstrafe durch das Ansehen dieses Films verändert?*

Viertes Kapitel

Angriff der Massenmedien auf die Privatsphäre

1. Der Mensch im Griff der Medien

Wir brauchen nur das Fernsehen einzuschalten, eine Zeitschrift aufzuschlagen oder das Radio aufzudrehen, und in ein paar Minuten sind wir darüber informiert, was Caroline von Monaco an ihrem Geburtstag zum Frühstück aß, wie sich die Beziehung zwischen Steffi Graf und Andre Agassi entwickelt, welche Farbe der Bettbezug des Präsidenten der Vereinigten Staaten von Amerika hat und wie viel Gramm Jan Ullrich mehr oder weniger wiegt als im Vorjahr.

Die Massenmedien versorgen uns mit allen nur erdenklichen Informationen über das Privatleben von Menschen, die im Mittelpunkt des öffentlichen Interesses stehen. Es gibt sogar Zeitschriften und Fernsehprogramme, die sich ausschließlich darauf spezialisiert haben, auch die bestgehüteten Geheimnisse von Filmstars, Sängern, Spitzensportlern und Politikern ans Licht zu bringen.

Aber nicht genug damit, dass das Privatleben solcher Leute von den Massenmedien ausgeschlachtet und verkauft wird – auch der ganz normale Bürger sieht sich heute nicht selten mit Umfragen von Firmen und Meinungsforschern konfrontiert, muss bei vielen Gelegenheiten Fragebögen ausfüllen oder wird in Vorstellungsgesprächen mit Fragen gelöchert. Und häufig gibt er dann auch etwas von seinem Privatleben preis. Dank neuer technischer Errungenschaften wie Computer und Internet werden überall Datenbanken angelegt, in denen viele Einzelheiten aus unserem Leben festgehalten werden: Arztbesuche und Krankheiten, Flugreisen, Umzüge, Kontostände, Arbeitsverhältnisse usw. Wir würden uns ganz schön wundern, wenn wir all die Informationen sähen, die verschiedene Einrichtungen (Banken, Krankenkassen, Universitäten, Firmen, Einwohnermeldeämter, Fluggesellschaften usw.) über unsere Person gesammelt haben.

2. Das ethische Problem

Im ersten Teil des Buches haben wir festgestellt, dass der Mensch ein vernunftbegabtes Lebewesen ist, und deswegen auch ein politisches Lebewesen. Der Mensch lebt von Natur aus in Gemeinschaft mit anderen Menschen. Wir brauchen die Gemeinschaft, um uns als Menschen voll entwickeln zu können. Und deswegen ist es ganz normal, dass ein Teil unseres Lebens öffentliches Leben ist. Die Gemeinschaft erfährt davon, wenn wir heiraten, wenn wir die Wohnung wechseln, wenn wir studieren. Es darf uns nicht wundern, dass die Gemeinschaft auf Auskünfte über uns angewiesen ist. So müssen zum Beispiel die Gesundheitsbehörden davon wissen, wenn jemand an Tuberkulose erkrankt ist, damit sich die Krankheit nicht ausbreitet. Die Tuberkulose ist eine Krankheit, die der ganzen Gemeinschaft Schaden zufügen kann, wenn die notwendigen Vorkehrungen nicht getroffen werden. Ein Tuberkulosekranker darf etwa nicht als Koch in einem Restaurant arbeiten. Und ebenso wenig darf es uns verwundern, dass man sich für unser Privatleben interessiert, wenn wir uns für bestimmte Berufe bewerben. Wenn ein Polizist oder eine Polizistin in Dienst genommen wird, dann muss die Gemeinschaft sicher sein können, dass es sich um eine psychisch und emotional stabile Person handelt. Psychopathen in Polizeiuniform sind ein Sicherheitsrisiko für die ganze Gemeinschaft.

Auf der anderen Seite ist aber auch klar, dass der Mensch von Natur aus einer Intimsphäre bedarf, um seine Persönlichkeit harmonisch entfalten zu können. Es gibt persönliche und private Angelegenheiten, bei denen wir uns instinktiv dagegen wehren, dass sie an die Öffentlichkeit gelangen. Wem würde es wohl gefallen, wenn seine Liebeserklärung heimlich gefilmt und im Fernsehen gesendet wird? Wie würdest du dich fühlen, wenn das Gespräch mit deiner besten Freundin, in der du ihr von deinen Problemen erzählt hast, am nächsten Tag in der Zeitung erscheint? Jeder Mensch und jede Familie haben ein Recht auf den Schutz ihrer Privatsphäre.

Was man in der Privatsphäre tut oder bespricht, hält man in der Regel nicht deshalb verborgen, weil es etwas Schlechtes wäre; es sind einfach Dinge, die die Öffentlichkeit nichts angehen. Das Sexualleben eines Ehepaares, bei dem der eine den anderen respektiert, ist ja nichts Schlechtes; und dennoch bedeutet das nicht, dass ein Fernsehsender das Recht hätte, vom Dach des gegenüberliegenden Gebäudes das Schlafzimmer der beiden ins Visier zu nehmen.

Wäre das gesamte Leben eines Menschen öffentlich und besäße er nicht von klein auf eine Schutzzone, einen inneren, privaten Bereich, dann könnte sich seine Persönlichkeit niemals entfalten. Einige menschliche Beziehungen wie die Freundschaft und die Partnerschaft setzen einen solchen Intimbereich unbedingt voraus. Ohne ein Mindestmaß an Intimität würde der Mensch geistig und emotional verkümmern.

Aus zwei Gründen stellt sich hier ein ethisches Problem:

a) Weil nicht immer klar ist, wo die Grenze zwischen den Bereichen des Öffentlichen und Privaten verläuft. Wenn ein öffentlicher Amtsträger ein betrügerisches Privatleben führt, so kann das schon ein Umstand sein, den wir bei unserer Entscheidung, ob wir ihn wieder wählen, mit zu berücksichtigen haben.

b) Weil die kapitalistische Konsumgesellschaft darauf gekommen ist, dass auf dem »Markt der Intimitäten« viel Geld zu verdienen ist.

3. Die Würde der Person und das Recht auf den Schutz der Privatsphäre

Das Recht auf den Schutz der persönlichen Intimsphäre ist – wir haben es schon gesehen – in der Natur des Menschen begründet. Als vernunftbegabtes Lebewesen braucht der Mensch ein Mindestmaß an Privatsphäre. Jeder Mensch darf und muss einen Teil seines Lebens – seiner Taten, Gedanken und Gefühle – für sich selbst verwenden, für seine Familie und seine Freunde.

Im Folgenden wollen wir uns ansehen, was alles zum Recht auf den Schutz der Privatsphäre gehört:

a) *Das Recht auf den eigenen Namen.* Wir alle haben ein Recht auf einen eigenen Namen, den niemand ohne unsere Zustimmung verwenden darf. Ein typischer Fall eines Verstoßes gegen dieses Recht liegt vor, wenn eine Zeitung jemandem Worte in den Mund legt, die er in Wirklichkeit niemals gesagt hat.

b) *Das Recht auf das eigene Bild.* Wenn jemand einer privaten Beschäftigung nachgeht, wie sich im eigenen Garten zu sonnen oder am Sonntagmorgen im Schlafanzug Croissants zu frühstücken, dann hat niemand das Recht, dies ohne Zustimmung des Betroffenen bildlich festzuhalten und in der Öffentlichkeit zu verbreiten. Ganz anders liegt der Fall, wenn ein Staatsminister während seiner Rede im Bundestag fotografiert oder gefilmt wird. Diese Bilder dürfen in der Öffentlichkeit verbreitet werden, weil der Minister in diesem Moment eine öffentliche Funktion ausübt.

c) *Das Recht auf das private Gespräch.* Wenn jemand private Angelegenheiten bespricht – ob telefonisch, brieflich, per E-Mail oder bei einem Spaziergang –, dann hat niemand das Recht, dieses Gespräch in die Öffentlichkeit zu bringen. So dürfen etwa der Brief, in dem du deiner Freundin die Liebe erklärst, oder das Telefongespräch, in dem du einen Freund tröstest, der einen Angehörigen verloren hat, nicht veröffentlicht werden. Das gilt natürlich nur für Privatgespräche. Ein Telefongespräch, in dem ein Terrorist mit einem anderen verabredet, in der U-Bahn eine Bombe zu legen, ist keine private Angelegenheit; und ebenso wenig ist es eine private Angelegenheit, wenn ein Unternehmer einem Staatssekretär am Telefon Schmiergelder in Aussicht stellt.

d) *Das Recht auf das Berufsgeheimnis.* Wir alle haben das Recht, jemanden um Rat zu bitten, der uns aufgrund seiner Berufsausbildung in einer bestimmten Angelegenheit helfen kann – einen Arzt etwa oder einen Anwalt. Dieser ist dann verpflichtet, das *Berufsgeheimnis* zu wahren. Kommt zum Beispiel eine Frau zu einem Anwalt und bittet ihn, sie in einem Gerichtsverfahren zu verteidigen, so hat der Anwalt kein Recht, das, was ihm seine Klientin anvertraut, in der Öffentlichkeit zu enthüllen.

e) *Das Recht auf guten Ruf und Ehre.* Das Recht auf guten Ruf ist eines der wichtigsten Rechte des sozialen Lebens. Dank eines guten Rufes vertrauen Menschen einander und gehen miteinander Beziehungen ein. Deswegen sieht sich ein Mensch, wenn er einmal sein gutes Ansehen verloren hat und in schlechten Ruf geraten ist, ununterbrochen großen Problemen gegenüber: Er findet nur schwer eine Arbeit; niemand will Verträge mit ihm abschließen; die Freunde laufen ihm davon und neue findet er kaum. Stell dir einmal einen Schüler vor, der den Ruf hat, ein »Spicker« zu sein. Die Lehrer misstrauen ihm, setzen ihn bei den Klassenarbeiten in die erste Reihe und schauen ihm besonders genau auf die Finger; und wenn ihm einmal eine sehr gute Arbeit gelingt, werden sie den Verdacht nicht los, dass es nur deswegen eine Eins geworden ist, weil er abgeschrieben hat und sie ihn dabei nicht erwischt haben. Oder stelle dir einen Chirurg vor, dem bei einer schwierigen Operation ein Patient gestorben ist und der dadurch in den Ruf gerät, dass die Patienten bei ihm des Öfteren einmal »auf dem Tisch bleiben«. Man wird sich von ihm nicht einmal mehr am Fingernagel operieren lassen.

Dieses Recht auf einen guten Ruf ist einer der Gründe, warum die Klatscherei (»Stell dir vor, was sich die Dingsda wieder geleistet hat ... Es ist kaum zu glauben, aber die blöde Kuh hat wirklich ...«) ein schwerer moralischer Fehler ist. Selbst wenn es wahr wäre, was da von Frau »Dingsda« erzählt wird, so hat doch auch sie wie wir alle ein Recht auf einen guten Ruf. Außerdem zeugt es von schlechtem Geschmack, so über andere zu reden. Verschwiegenheit und Diskretion dagegen sind Tugenden.

4. Der Schutz der Privatsphäre von Persönlichkeiten des öffentlichen Lebens

Das Recht auf den Schutz der Privatsphäre ist mit dem Personsein des Menschen gegeben: Wir alle haben dieses Recht. Auf der anderen Seite gibt es Menschen, die öffentliche Ämter bekleiden oder öffentliche Tätigkeiten ausüben – Tätigkeiten, die die ganze Gemeinschaft betreffen. Die Tätigkeit eines Schülers, der sich auf das Abitur vorbereitet, betrifft die Gemeinschaft nicht unmittelbar; die Tätigkeit eines Regierungschefs oder hohen Staatsbeamten dagegen wirkt sich direkt und indirekt auf die ganze Gemeinschaft aus (so führte zum Beispiel die unbesonnene Erklärung eines nordamerikanischen Regierungsbeamten den Medien gegenüber zu Börsenstürzen und Wirtschaftskrisen in weiten Teilen Lateinamerikas).

Manchmal ist die Grenze zwischen den Bereichen des Privaten und des Öffentlichen nicht eindeutig zu bestimmen. Sehen wir uns ein Beispiel an: Es ist nicht dasselbe, ob mein Klassenkamerad oder ob der Kanzlerkandidat erfährt, dass er an Krebs erkrankt ist. Zwar verdienen beide unser Mitleid; doch hätte der Tod des Kanzlers zweifellos viel weitreichendere Folgen als der Tod meines Klassenkameraden. Wenn ein Kanzler, Premierminister oder Staatspräsident plötzlich stirbt, dann gefährdet das unter Umständen die politische und wirtschaftliche Stabilität eines ganzen Landes. Ein Kanzlerkandidat, der an einer tödlichen Krankheit leidet, hat nicht das Recht, dies vor der Öffentlichkeit zu verbergen.

In den Vereinigten Staaten von Amerika kann man beobachten, dass die Wähler immer mehr Einzelheiten aus dem Privatleben der Kandidaten wissen wollen. Und sie scheinen einen guten Grund für ihre Neugierde zu haben: Kann man davon ausgehen, dass ein Kandidat sein Wahlversprechen hält, wenn Zweifel daran bestehen, dass er es mit der Treue in der Ehe nicht so genau nimmt? Muss sich sein Verhalten im Privaten nicht auf seine öffentliche Tätigkeit auswirken? Der Mensch ist doch in beiden Fällen derselbe. Würdest du etwa auf die Rechtschaffenheit eines Rechtsanwaltes vertrauen, wenn du wüsstest, dass er seine Familie im Stich gelassen hat, um an einen wichtigen Posten zu kommen?

Vom Standpunkt der Ethik aus könnte man hierzu vielleicht Folgendes sagen: Eine Privatangelegenheit, die keine unmittelbaren Folgen für die Gemeinschaft hat – wie wenn ein Bundestagsabgeordneter eine Geliebte hat –, darf nicht durch die Massenmedien in die Öffentlichkeit getragen werden. Eine Ausnahme liegt vor, wenn es – wie das häufig geschieht – die Betroffenen selbst sind, die ihr Privatleben der Öffentlichkeit preisgeben. Wenn ein Bundestagsabgeordneter an der Seite seiner Geliebten eine Theaterpremiere besucht, dann kann er sich nicht beschweren, wenn die Medien davon berichten. Ganz anders liegen die Dinge, wenn ein Sensationsreporter mit einer versteckten Kamera die Ferienwohnung von Prinz Charles ausspäht.

Die Massenmedien üben eine wichtige kritische Funktion aus: Sie kontrollieren die Machthaber und begrenzen damit die Macht des Staates. Sie können ihre kritische Funktion aber auch missbrauchen, wenn sie nämlich zu sehr damit beschäftigt sind, nur die schlechten Seiten von Künstlern, Politikern und anderen Persönlichkeiten des öffentlichen Lebens hervorzukehren. Dadurch erzeugen sie eine allgemein pessimistische Stimmung (»Alle sind sie doch gleich«; »Keinem kann man mehr trauen«) und können zu dem Fehlschluss verleiten, das unmoralische Verhalten dieser Leute sei ganz normal und es gäbe daran nichts auszusetzen (»Wenn die alle die Steuern hinterziehen, warum dann nicht auch ich?«). Einige Handlungen schließlich sind so unmoralisch, dass es auch unmoralisch ist, sie in der Öffentlichkeit zur Schau zu stellen: So wäre es völlig unverantwortlich, wollte man eine Vergewaltigung im Fernsehen übertragen.

5. Privatleben als Ware

Es ist ein Verstoß gegen die Menschenwürde, wenn das Privat- oder Intimleben irgendeines Menschen als Ware gehandelt wird. Der Intimbereich des Menschen ist von Natur aus etwas ganz Persönliches, etwas Eigenes und Privates – etwas, das nicht ohne weiteres in die Öffentlichkeit gezerrt werden darf.

Wenn daher die Medien das Privatleben eines Menschen vermarkten – egal ob es sich um eine Persönlichkeit des öffentlichen Lebens handelt oder um einen ganz »normalen« Menschen –, dann verfehlen sie ihre eigentliche Funktion. Zwar ist es der Auftrag der Medien, dass sie die Öffentlichkeit informieren; aber eben nicht über alles Beliebige, sondern nur über das, worüber die Öffentlichkeit informiert werden darf. Einige Angelegenheiten gehen überhaupt nur wenige Leute etwas an; und darüber zu informieren, ist nicht die Aufgabe der Medien. Die Gemeinschaft hat nicht das Recht, alles zu wissen. Der Inhalt eines psychotherapeutischen Gespräches oder eines Liebesbriefes geht sie nichts an.

Das Privatleben eines Menschen zu vermarkten, bedeutet, den Betroffenen wie einen bloßen Gegenstand zu behandeln – wie ein Ding und nicht wie eine Person; wie eine Kuh, deren Milch an den Meistbietenden verkauft wird und die, wenn sie nichts mehr hergibt, dem Schlachter überlassen wird. Besonders bedauerlich ist es, wenn wir sehen müssen, dass es in vielen Fällen die zur Ware erniedrigten Personen selbst sind, die ihre eigene »Verdinglichung« betreiben. Manchen Schauspielern zum Beispiel gefällt es, ihr Privatleben vor der Öffentlichkeit auszubreiten, um dadurch ihren Bekanntheitsgrad zu erhöhen. Für die Serie *Big Brother* haben kürzlich einige junge Menschen ihr Privatleben an einen Fernsehsender verkauft. Im Grunde genommen behandeln sich solche Leute selbst wie einen Gegenstand, wie eine menschliche Ware, die im Schaufenster zum Verkauf ausliegt.

Damit der Schutz der Privatsphäre gewährleistet ist – so können wir zusammenfassend feststellen –, haben die Medien zumindest die folgenden beiden Prinzipien zu respektieren: a) Die Würde eines jeden Menschen ist zu achten; b) Gewinn- und Nützlichkeitserwägungen allein können niemals den Einbruch in die Privatsphäre eines Menschen rechtfertigen. Damit die Medien ihre kritische Funktion nicht zum Schaden der Gemeinschaft missbrauchen, müssen sie außerdem beachten, dass c) das Verhalten von Politikern und anderen Persönlichkeiten des öffentlichen Lebens eine Vorbildfunktion für andere Menschen ausübt und dass d) unmoralische Verhaltensweisen nicht als moralisch neutral oder sogar als moralisch gut hingestellt werden dürfen.

Zur Diskussion:

1. *Achte beim Fernsehen und Zeitunglesen einmal darauf, welche Meldungen und Artikel das Recht auf den Schutz der Privatsphäre verletzen. Auf welche Weise tun sie das?*

2. *Warum, glaubst du, braucht der Mensch zur vollen Entfaltung seiner Persönlichkeit ein Mindestmaß an Privatsphäre und Intimität?*

3. *Welche Folgen hätte es für eine Gesellschaft, wenn niemand mehr auf niemanden vertraut?*

Fünftes Kapitel

Sex und Gewalt im Fernsehen

1. Tatsachen: Gewalt von Kindern in England

Im Februar 1993 war die Stadt Liverpool Schauplatz eines der unerhörtesten Verbrechen, die England je gesehen hat: Zwei Jungen im Alter von zehn und elf Jahren entführten und ermordeten ohne erkennbaren Grund ein zwei Jahre altes Kind. Die Bilder der kleinen Mörder, die Vermutungen über ihre Motive und die Bestürzung der ganzen Gesellschaft verbreiteten sich über die Insel hinaus in die ganze Welt. Der Vorfall lenkte die Aufmerksamkeit auf die Folgen einer immer brutaleren Darstellung von Gewalt im Fernsehen.

Man hat lange darüber diskutiert, ob die beiden vor Gericht gestellt werden sollten oder nicht: Ist es denn möglich, dass ein Kind von zehn Jahren moralisch so pervers sein kann, ein Kleinkind zu töten, und dabei genau weiß, was es tut? Muss dieser kleine Psychopath bestraft werden oder benötigt er nicht vielmehr die Hilfe eines Psychologen?

In vielen Fällen kommen solche und ähnliche »Kriminelle« aus Familien, in denen ein gewalttätiges Klima herrscht; und in der Regel ist es ein an Alkoholismus leidender Vater, der das ganze Familienleben mit seinen Gewaltausbrüchen vergiftet. Heute aber haben wir es so weit gebracht, diese Atmosphäre der Aggressivität in das Zuhause fast aller unserer Kinder zu bringen. Bevor sie zum Beispiel etwas über den unveräußerlichen Wert des Lebens eines jeden Menschen lernen, berauschen sie sich täglich im Wohnzimmer an der Lust des Tötens: an dem aufregenden Gefühl, das Magazin eines Maschinengewehrs leerzufeuern, an der Dynamik eines tödlichen Faustschlags gegen den Hals, an der schaurigen Erregung eines perfekten Mordes …

2. Tatsachen: Qualitätsverlust der Fernsehprogramme

Man braucht kein besonders feinfühliger Mensch zu sein, um den enormen Qualitätseinbruch zu bemerken, den das Fernsehen überall auf der Welt zu verzeichnen hat. Zum Beispiel waren bis vor wenigen Jahren Blätter wie die *Bild-Zeitung* oder *Die Bunte* auf eine ganz bestimmte Käuferschicht beschränkt – auf mehr oder weniger ungebildete Leute mit einer eher zweifelhaften Neugierde. In den neunziger Jahren kam es dann zu einem tief greifenden Wandel der Fernsehprogramme, und heute haben wir die Auswahl zwischen einer ganzen Reihe von Sendungen, die den Stil und das Niveau der Klatschpresse täglich auf dem Bildschirm nachahmen. Alle Haushalte mit Fernsehgerät haben sozusagen ein kostenloses Abonnement erhalten.

3. Erziehung ohne Absicht und ohne Plan

Worum geht es den meisten Sendern – und besonders den privaten – auf dem Fernsehmarkt? Natürlich darum, so viele Zuschauer wie möglich an sich zu ziehen, und nicht um irgendwelche erzieherischen Anliegen. Und mit Recht, könnte man meinen, denn dem Fernsehen hat es nicht um die Erziehung seiner Konsumenten zu gehen, sondern um deren Unterhaltung.

Allerdings ist leicht einzusehen, dass für ein Kind, das jeden Tag durchschnittlich vier Stunden vor dem Bildschirm verbringt, das Fernsehgerät zu einem wichtigen Bestandteil der Erziehung wird. Es ist gut möglich, dass es mehr Ideen und Verhaltensweisen aus dem Fernsehen lernt als von seinen Eltern. Das Fernsehen ist für das Kind ein erzieherisches Umfeld, in dem es viele Dinge lernt, und ist doch zugleich ein Umfeld, das noch nicht einmal den Anspruch darauf erhebt, ihm etwas Positives zu vermitteln.

4. Die scharfen Gewürze des Fernsehmenüs: Sex und Gewalt

Dass die meisten Fernsehprogramme gar keinen Anspruch auf Erziehung erheben, ist ein erster Grund für die Verschlechterung des Programms. Wenn es aber nur das wäre, könnten wir erwarten, dass die Sendungen weder gut noch schlecht sind, dass sie uns bloß gut unterhalten. Tatsache jedoch ist, dass im Krieg um die Gunst der Zuschauer die Fernsehsender dazu übergehen, immer schockierendere und sensationellere Bilder zu produzieren, die an unsere niedrigsten Instinkte appellieren.

Wenn das Essen fade schmeckt, dann greifen wir auf scharfe Gewürze zurück. In Mexiko mischen wir dann eine feurige Sauce aus Chili und Limone bei, um dem Essen nachträglich doch noch etwas Geschmack zu verleihen. So ähnlich geht es auch im Fernsehen zu: Weil die Programme fade, oberflächlich und anspruchslos sind – wie oft ist es dir schon passiert, dass du beim Fernsehen mit der Fernbedienung durch alle Programme gewandert bist, um dich schließlich davon zu überzeugen, dass es »nichts im Fernsehen gibt«? – und weil man sich keine Zuschauerverluste leisten kann, bleibt nichts anderes übrig, als die Zuschauer mit jenen beiden Mitteln anzulocken, die fast immer wirken: Sex und Gewalt.

5. Sex in der Werbung

Die Werbeunterbrechungen sind bei allen verhasst: Wenn du gerade dein Lieblingsprogramm schaust, dann gefällt es dir sicher nicht, wenn plötzlich ein Werbeblock eingeschoben wird. Aber gerade von der Werbung leben die Fernsehsender; davon, dass immer mehr Unternehmen viel Geld dafür bezahlen, um in dreißig Sekunden beim Zuschauer ein Bedürfnis für ihre Produkte erzeugen zu können. Ich muss also erreichen, dass der Zuschauer während meines Werbespots für Motoröl den Finger von der Fernbedienung lässt. Wie mache ich das? Hier gibt es eine unfehlbare Methode: Ich reichere meine Werbung mit Sex an. Das hat außerdem den Vorteil, dass ihm seine Triebe die Entscheidung für mein Produkt erleichtern werden.

Es ist nicht einmal nötig, besonders einfallsreich zu sein, um seine Produkte auf diese Weise an den Kunden zu bringen. Dürfen die Unternehmen aber zu jedem beliebigen Mittel greifen, um ihren Umsatz zu erhöhen? Ist in der Werbung alles erlaubt oder gibt es auch hier eine moralische Verantwortung?

6. Das Fernsehen als Vermittler von Kultur und Menschlichkeit?

Ständig wächst die Zahl der Fernsehkanäle. Bald schon werden – wie in den Vereinigten Staaten – zwei Ziffern nicht mehr ausreichen, um sie zu zählen. Nun *könnte* das Fernsehen ein mächtiges Werkzeug der Kultur und Erziehung sein. Im Fernsehen stecken großartige Möglichkeiten zur Verbreitung von Kunst und Wissenschaft, von Motivation und guter Laune, von weltweiter Solidarität, Achtung vor der Natur und Gewaltlosigkeit, von Werten und Lebensformen anderer Kulturen ... Und dazu müsste das Fernsehen keineswegs auf all das verzichten, was seinen besonderen Reiz ausmacht: Unterhaltung zu bieten, Spaß zu machen, Stimmungen und Gefühle zu erzeugen. Warum ist das Fernsehen heute so weit davon entfernt, sich in ein solches Werkzeug der Menschlichkeit zu verwandeln?

Das ist schon deshalb unmöglich, weil es einfach nicht genügend Leute gibt, die in der Lage wären, für einhundert Fernsehsender, an dreihundertfünfundsechzig Tagen im Jahr und für rund zwanzig Stunden täglich gute Sendungen zu produzieren. Deswegen bekommen wir in der Regel knapp zwanzig Stunden lang schlechte Programme zu sehen – aufbereitet mit Sex und Gewalt, um die Zuschauer an den Bildschirm zu fesseln –, während sich die besseren Sendungen auf eine oder zwei Stunden beschränken.

7. Ein ethisches Problem

Die ungehemmte Ausstrahlung von Sex und Gewalt im Fernsehen stellt uns vor viele ethische Probleme. Einige haben wir schon angesprochen. Ein besonders auffälliges Problem hängt mit der erzieherischen Funktion des Fernsehens zusammen, also damit, dass das Fernsehen den Kindern – und nicht nur den Kindern – Meinungen vermittelt, dass es ihre Einstellungen und Verhaltensweisen prägt.

Wenn ein Lehrer in der Grundschule zwanzig Schüler unterrichten will, dann muss er bei uns in Mexiko mindestens vier Jahre lang studieren, nur um sich auf diese Aufgabe vorzubereiten – einmal abgesehen von seiner Schulausbildung bis hin zum Abitur. Erst nach vielen Jahren der Ausbildung in Theorie und Praxis, so glauben wir, ist der Lehrer für seine wichtige Aufgabe gerüstet. Wir glauben außerdem, dass nur ein ethischer und pflichtbewusster Mensch ein guter Grundschullehrer sein kann.

Wer hingegen eine Fernsehsendung produziert, hat dafür überhaupt keine pädagogische Ausbildung nachzuweisen. Nehmen wir ein extremes Beispiel: Ein Moderator ohne Schulabschluss, ein skrupelloser und völlig unmoralischer Mensch, dem es nur darum geht, sich persönlich zu bereichern, kann ohne weiteres vor Millionen von Fernsehzuschauern im ganzen Land auftreten; Kindern wie Erwachsenen kann er ganz nach Belieben die fragwürdigsten Ideale an den Kopf werfen – ausgewiesen ist er allein durch sein gutes Aussehen und sein Mundwerk.

Unsere Gesellschaft lässt es nicht zu, dass irgendein Mensch, dem nur der Sinn danach steht, zwanzig Grundschüler unterrichtet; aber vor zwei Millionen Schulkindern darf jeden Nachmittag fast jeder Beliebige sprechen. Damit wollen wir nicht sagen, dass es allen Fernsehproduzenten heute an Bildung und ethischen Prinzipien fehlt. Nur scheint es beim Fernsehen leider viele sehr einflussreiche Leute zu geben, denen es einzig und allein darum geht, Geld zu scheffeln – koste es, was es wolle.

8. Ein Vorschlag

Die meisten Ideen in diesem Abschnitt stammen von dem österreichischen Philosophen Karl Popper. Angesichts der großen Verantwortung der Fernsehproduzenten hat er vorgeschlagen, eine »Lizenz zum Fernsehmachen« einzuführen.

In der Sprache der Demokratie ist das Wort »Zensur« tabu. Niemand kann heute mehr ein Recht beanspruchen, die Medien zu zensieren; das widerspricht der Meinungsfreiheit. Popper ist der Letzte, der dies in Frage stellen würde. Dennoch sollten wir – so lautet sein Vorschlag – dafür sorgen, dass die Mitarbeiter der Medien einen Ethikkurs besuchen. Darin sollten sie sich mit der Verantwortung auseinander setzen, die das Fernsehmachen aufgrund seiner erzieherischen Macht und seiner Breitenwirkung mit sich bringt. Sie müssen sich bewusst machen, dass sie durch ihre Arbeit an der Erziehung der Massen mitwirken, dass sie dabei die Freiheit und Menschlichkeit ihrer Zuschauer zu achten haben und dass deshalb nicht alles erlaubt ist, um die Einschaltquoten in die Höhe zu treiben. Sie müssen sich klar machen, wie viel Gewalt und Sex es bereits im Fernsehen zu sehen gibt. Und sie müssen verstehen lernen, dass es wichtiger ist, den Menschen Wege des Verzeihens aufzuzeigen als Wege der Rache; Wege des Gesprächs statt der Gewalt; Treue und nicht Betrug.

Nur wer einen solchen Ethikkurs besucht hat, würde eine Lizenz zum Fernsehmachen erhalten. Und ein Ausschuss, der sich aus Anhängern verschiedener Weltanschauungen zusammensetzt, aus Personen, die aufgrund ihrer Aufrichtigkeit, Sachkenntnis und Besonnenheit in der Gesellschaft ein hohes Ansehen genießen, hätte das Recht, den Fernsehproduzenten die Lizenz wieder zu entziehen, wenn sie ihrer Verantwortung um des Gewinnes willen nicht gerecht werden.

Das ist nur ein erster Vorschlag, noch kein ausgearbeitetes Programm, und so sieht es auch Popper selbst. Es wäre auch sicher nicht einfach, ihn in die Wirklichkeit umzusetzen. Er ist aber eine gute Grundlage für die weitere Diskussion; vielleicht lässt er sich noch näher ausführen und verbessern.

Fest steht hingegen, dass das Fernsehen dem Menschen dienen muss. Wenn ein Programm den Menschen als moralisches Wesen – als Person – zerstört, statt ihn in seinem Menschsein zu bereichern, dann kann das nicht durch wirtschaftlichen Erfolg, durch höhere Einschaltquoten gerechtfertigt werden; dann ist das schlechte Unterhaltung. Die Würde und die Personalität des Menschen gehen über alle kommerziellen Interessen.

Zur Diskussion:

1. Welches sind deiner Meinung nach die beherrschenden Einstellungen und Werte, die den Kindern von den Serien und Talkshows des Nachmittagsprogramms vermittelt werden? Gibt es dabei Unterschiede zwischen den öffentlichen und den privaten Sendern?

2. Achte einmal darauf, wenn du das nächste Mal einen Werbeblock ansiehst, in welcher Weise der Sexualtrieb des Zuschauers angesprochen wird. In welchem Verhältnis steht dies jeweils zu dem Produkt, für das geworben wird?

3. Was spricht für, was spricht gegen den Vorschlag einer »Lizenz zum Fernsehmachen«? Wie ist deine Meinung dazu? Hast du einen anderen Vorschlag, wie man die Fernsehproduzenten dazu veranlassen könnte, dass sie ihrer ethischen Verantwortung gerechter werden?

Epilog

Die moderne Welt hat die Ethik aus der Wirtschaft, aus der Politik, aus der Wissenschaft verdrängt und in die Privatsphäre verbannt. Damit aber hat sie die Ethik ihrer Vernünftigkeit beraubt. Die Ethik wurde zu einer Angelegenheit des bloßen Gefühls, zu einer reinen Glaubensfrage. Sie wurde so sehr auf den Bereich des Privaten beschränkt, dass man mit Ethik und Moral manchmal nur noch den Bereich der Sexualität verband. Ethik – das stand für die tadelnde Mutter und den strafenden Vater, für Verbote, gute Ratschläge und das Schuldgefühl während einer strengen Sonntagspredigt. Eine solche »Ethik« hat natürlich niemand gerne, am wenigsten junge Menschen voller Tatendrang und Lebenslust.

Wie wir sehen konnten, ist die Ethik in Wirklichkeit für uns die beste Anleitung zum wahren Menschsein. Die Ethik aus ihrer Verbannung zu befreien, ist der beste Weg, die Würde des Menschen zu bejahen. Denn sie ist keine Zwangsjacke, die unseren Drang nach Selbstentfaltung hemmt. Ganz im Gegenteil, die Ethik zeigt uns, was es heißt, im Einklang mit unserer Natur zu leben und ganz Mensch zu sein. Sie macht es möglich, die Gesellschaft menschlich zu gestalten und das eigene Leben nach den Maßstäben der Vernunft auszurichten. Sie sagt uns, wie wir mit unseren Trieben und Gefühlen vernünftig umgehen können.

Und sie will uns helfen, glücklich zu sein. Weil das Glück des Menschen in der vollen Entfaltung seiner natürlichen Anlagen liegt, ist die Ethik zugleich Anleitung zum Glücklichsein. Wir können auf ganz unterschiedliche Weise glücklich sein, weil wir unser Menschsein auf die verschiedenste Weise verwirklichen können. Aber eines ist uns allen dabei gemeinsam: unsere menschliche Natur und Würde.

Über die Autoren

HÉCTOR ZAGAL stammt aus Mexiko und ist Professor für Philosophie an der Universidad Panamericana in Mexico City. Er hat auch in Spanien und in den USA gelebt. In seinem Land war er der Erste, der (zusammen mit Enrique del Castillo) ein Buch über die philosophische Bedeutung des Umweltproblems schrieb; daneben hat er in mehreren Studien vor allem die Philosophie des Aristoteles erforscht. 1997 erhielt er für einen Essay über die mexikanische Kultur der Gegenwart den nationalen Literaturpreis »Raúl Rangel Frías«.

JOSÉ GALINDO ist ein mexikanischer Philosoph und Journalist. Er war Lehrer für Philosophie und Ethik an einem Gymnasium und arbeitet jetzt als Kulturreporter für die Zeitschriften *Istmo* und *Milenio* sowie für den mexikanischen Fernsehsender *canal 22*. Zur Zeit lebt er in Kanada.

Ethik

Bände zur Diskussion

IN RECLAMS UNIVERSAL-BIBLIOTHEK

Biologie und Ethik. Hrsg. v. E.-M. Engels. 383 S. UB 9727

Birnbacher, D.: Tun und Unterlassen. 389 S. UB 9392

Evolution und Ethik. Hrsg. v. K. Bayertz. 376 S. UB 8857

Fellmann, F.: Die Angst des Ethiklehrers vor der Klasse. 163 S. UB 18033

Hoerster, N.: Ethik des Embryonenschutzes. 144 S. UB 18186 – Ethik und Interesse. 235 S. UB 18278

Mackie, J. L.: Ethik. 317 S. UB 7680

Medizin und Ethik. Hrsg. v. H.-M. Sass. 398 S. UB 8599

Ökologie und Ethik. Hrsg. v. D. Birnbacher. 254 S. UB 9983

Ökophilosophie. Hrsg. v. D. Birnbacher. 295 S. UB 9636

Pädagogik und Ethik. Hrsg. v. K. Beutler u. D. Horster. 309 S. UB 9456

Pfannkuche, W.: Wer verdient schon, was er verdient? 208 S. UB 18253

Politik und Ethik. Hrsg. v. K. Bayertz. 464 S. UB 9606

Singer, P.: Praktische Ethik. 487 S. UB 8033

Technik und Ethik. Hrsg. v. H. Lenk u. G. Ropohl. 373 S. UB 8395

Tugendethik. Hrsg. v. K. P. Rippe u. P. Schaber. 218 S. UB 9740

Tugendhat, E.: Probleme der Ethik. 181 S. UB 8250

Tugendhat, E. / Lopez, C. / Vicuña, A. M.: Wie sollen wir handeln? 173 S. UB 18089

Wirtschaft und Ethik. Hrsg. v. H. Lenk u. M. Maring. 411 S. UB 8798

Zagal, H. / Galindo, J.: Ethik für junge Menschen. 239 S. UB 18093

Philipp Reclam jun. Stuttgart